GERHARD NAUJOKAT

Drum prüfe, wer sich ewig bindet . . .

edition TROBISCH

GERHARD NAUJOKAT

Drum prüfe, wer sich ewig bindet . . .

Erst denken – dann heiraten

edition TROBISCH

Gerhard Naujokat, Pfarrer und Publizist, Kassel

Ordination und Gemeindepfarrer in Rottenburg; Jugendleiter und Jugendschöffe in Frankfurt/Main; Studium psychologischer, pädagogischer und sexualethischer Fragen; von 1969–1999 Generalsekretär des Weißen Kreuzes in Deutschland; langjähriger Jugend-, Ehe- und Familienberater; ausgedehnte Vortragstätigkeit, Seminararbeit, Autor zahlreicher Sachbücher. 1992 Goldenes Kronenkreuz und 1994 Ehrenurkunde des Diakonischen Werkes der EKD. 1999 wurde ihm durch den Bundespräsidenten der Bundesverdienstorden der Bundesrepublik Deutschland verliehen.

hänssler-Paperback
Bestell-Nr. 854.171
ISBN 3-7751-9171-2

Titelfoto: Image Bank
Umschlaggestaltung: Daniel Kocherscheidt
Gesamtherstellung: Ebner Ulm
Printed in Germany

Die überarbeitete 4. Neuauflage
im vierzigsten Ehejahr
meiner Frau
und meinen Kindern

Inhalt

Beglückung zu zweit

Ich wünsche es jedem Menschen

Ich wünsche es jedem Menschen, dass er sich eines Tages von Kopf bis Fuß verliebt und damit einen Partner findet, mit dem er ein Leben lang zusammenbleiben möchte. Ich wünsche ihm aber auch, dass er diesen Schritt nicht im Eiltempo tut und eine Schnellaktion daraus macht. Erst zu spät merkt man oft, dass man eigentlich gar nicht zusammenpasst. Ungezählte junge und ältere Menschen lernte ich in Jugendveranstaltungen und in der seelsorgerlichen Beratung kennen, die in der Partnerbeziehung scheiterten und nicht mehr ein noch aus wussten. Zerbricht dann alles im eigenen Leben und im Leben des andern? Viele Krisen könnte man vermeiden, wenn man rechtzeitig nachgedacht hätte und nicht blind in etwas hineingestolpert wäre. Nüchtern und bei Tag besehen sieht manches anders aus, und guter Rat hätte beizeiten helfen können. Darum will dieses Buch Vorbereitung und Wegweisung sein für den wichtigsten Schritt im Leben eines Menschen.

Wo und wie eine Boeing startet, weiß jeder. Dass man nicht spontan von der Haustür abfliegen kann, ist jedem klar. Es bedarf eines Anlaufweges, oftmals zeitaufwendiger Strecken, bis man zum Flugplatz und durch die Kontrollen kommt. Längst hatte man Flugkarten bestellt und den Platz gesichert. Die Flugvorbereitungen und die Anfahrt dauern oft länger als der eigentliche Flug. – Wie Ehe beginnt, glaubt auch jeder zu wissen; aber kaum einer ist sich bewusst, wieviel Ausdauer, Konzentration und Detailkenntnisse die Vorbereitungen auf die Ehe bedürfen. Mit der Ehe geht es wie mit dem Tod: Die wenigsten sind darauf vorbereitet.

Liebe allein genügt nicht

»Es gibt kaum eine Aktivität, kaum ein Unternehmen, das mit derartig ungeheuren Hoffnungen und Erwartungen begonnen wird und mit derart großer Regelmäßigkeit fehlschlägt«, so schreibt der weithin bekannte Psychoanalytiker Erich Fromm über die Ehe*. Das Finden eines Partners und die Ehe mit ihm sind in der Tat zu wichtig, als dass dieses Verhältnis unbedacht begonnen und nur auf Zufälligkeiten und spontane Gefühle gegründet werden dürfte. Der Philosoph G. W. F. Hegel** formulierte erstaunlicherweise: »Eine zu verwerfende Vorstellung ist die, welche die Ehe nur in die Liebe setzt, denn die Liebe, welche Empfindung ist, lässt die Zufälligkeit in jeder Hinsicht zu.« Ehe darf kein Zufall sein und ist nicht blindes Schicksal, sondern untersteht der Verantwortung des Menschen und der Gewissensentscheidung vor Gott. Liebe und Ehe haben nicht nur mit Spontaneität zu tun, sondern auch mit menschlicher Vernunft; denn Ehe ist ein risikoreiches, heutzutage umstrittenes Vorhaben, das von allen, die es wagen wollen, viel Kraft, Liebe, aber auch Wissen verlangt. Welch ein Risiko es darstellt, geht schon aus den atemberaubend gestiegenen Scheidungsziffern hervor: Innerhalb von zehn Jahren hat sich die Zahl der Scheidungen verdoppelt. Jede dritte Ehe in der Bundesrepublik wird geschieden, und die Tendenz geht dahin, dass es zumindest im nächsten Jahrhundert jede zweite sein wird.

Die größte Überraschung liegt für jeden, der sich die Scheidungsstatistik einmal genauer ansieht, in einer frappanten Tatsache: Nicht die lange Ehedauer und eine jahrelange Gewohnheit sind die Faktoren, die die Ehe zerstören; nicht das berühmte kritische siebte Jahr, sondern bereits das dritte Ehejahr ist das mit der größten Scheidungshäufigkeit! Besonders viele junge Ehen scheitern offenbar dann, wenn die ersten Illusionen verflogen sind und die Realität ihr Recht fordert. Verliebtheit und Faszination reichen

* Erich Fromm, Die Kunst des Liebens, 1956
**G. W. F. Hegel, Rechtsphilosophie (AD 1.821), § 161, Zusatz

offenbar nicht aus, eine Lebensgemeinschaft zu begründen. Anders wäre es nicht erklärbar, dass die höchste Zahl der Scheidungen bereits im dritten Ehejahr liegt und daher die wohl heftigsten Krisen im ersten und zweiten Jahr nach der Hochzeit toben.

Zugleich zeigt diese statistisch erhärtete Tatsache deutlich, wie viele Menschen unvorbereitet in das Lebensunternehmen Ehe einfach so hineinschlittern. Auf die Ehe wird man nicht vorbereitet, obwohl sie mindestens so wichtig ist wie der Beruf und nicht nur auf acht Stunden des Tages und vierzig Stunden in der Woche beschränkt ist, sondern das ganze Leben umgreift. Um einen Führerschein zu machen, nimmt man immerhin eine ganze Reihe von Fahrstunden auf sich; um die Partnerkommunikation zu beherrschen, haben wir außer zahlreichen Anschauungsbeispielen – meist negativer Art – in unserer Umgebung nichts.

Ehevorbereitung ist eine der dringlichsten Aufgaben unserer Zeit und eine der umfassendsten zugleich, muss sie doch Körperliches und Seelisches, Rechtliches und Wirtschaftliches, Religiöses und Medizinisches einschließen. Die Frage ist, wie das geschehen kann und wer dafür zuständig ist.

Noch vor einigen Jahren meinte man, den Schwarzen Peter der Schule zuschieben zu müssen. Sexualkundeunterricht wurde eingeführt und ein entsprechender Atlas geschaffen, der helfen sollte, die unbekannten Zonen des menschlichen Körpers – leider weniger der Seele – zu erkunden. Diese Versuche sind im Ansatz stecken geblieben und haben nicht sehr weit geführt. Die Aufgabe scheint offenbar für die meisten Lehrer und Schulverwaltungsbeamten eine Überforderung darzustellen. Vor allem das Elternhaus, aber auch Kirche und Jugendarbeit haben nach wie vor den größten Anteil an den immer noch unzureichenden Versuchen, junge Menschen auf das Leben zu zweit vorzubereiten und ihnen die nötigen Hilfen dafür zu vermitteln.

Die wichtigsten Helfer in diesem Bemühen sind immer noch die jungen Menschen selbst. Viele Diskussionen in Jugendseminaren und nach Abendvorträgen zeigen das. Es besteht Aufnahmebereitschaft für echte Kriterien der Partnerwahl, auch Lernfähigkeit, über wichtige Faktoren nachzudenken, die für eine Ehe unerlässlich sind. Die jungen Leute wollen das Unternehmen Partnerschaft eingehen, möchten aber auch wissen, wie das funktioniert.

Negative Beispiele in Familie und Umfeld lassen sie vor dem Risiko der Verantwortung zögern. Sie werden vom andern Geschlecht reizvoll angezogen, fragen aber, wie man der Verantwortung gerecht wird. Mit ihnen sollte man also reden und rechnen, um der Ehe eine bessere Basis zu geben und diese gründlicher vorzubereiten, als es bislang geschehen ist. Dieses Buch macht den Versuch, sich an junge Menschen zu wenden und an solche, die mit ihnen zu tun haben und sich für die junge Generation verantwortlich fühlen. Es möchte die wichtigsten Perspektiven aufzeigen, die eine Ehe eröffnen und die man, soweit möglich, kennen sollte, bevor man eine Ehe beginnt. Wir hoffen, dass sie dann schöner, vor allem aber sicherer und stabiler verläuft, als es in der Gegenwart vielfach der Fall ist.

Die Begegnung der Partner

Alles beginnt damit, dass ich irgendwann den Menschen erblicke, der mein Herz stocken lässt und der sich für mich von allen andern unterscheidet. Irgend etwas, nein, er selbst fasziniert mich, zieht mich auf unbeschreibliche Weise an; ich mag ihn und fast nichts anderes mehr. Ich bin verliebt. Es ist nicht leicht zu sagen, was es eigentlich ist, das ich an ihm mag – die Augen, die Haare, der verlockende Mund, der Schmelz seiner Haut, die Anmut der Bewegungen. Ich bin einfach hin und weg und so befangen, dass ich kein Wort mit ihm zu sprechen und vor allem mein Gefühl gar nicht zu zeigen wage. Der Augenblick hat mich so überwältigt, sein Anblick so hingerissen, dass ich von nun an sozusagen ein anderer Mensch bin. Diese zunächst heimliche Liebe schlägt nicht nur auf den Magen, sondern auch auf die Lernfähigkeit, ich bin abgelenkt und kaum noch fähig zu vernünftigem Denken und Handeln. Die Umwelt erlebe ich gefühlsbedingt und fast traumhaft.

Nicht selten sind es nur ganz kurze Begegnungen, die uns so hinreißen und mit einem so süßen Leid und mit so schmerzender Freude erfüllen, dass wir von nun an etwas suchen, ohne genau zu wissen, was oder wen. Eine Begegnung kann von Ewigkeit und Vergessen zugleich erfüllt sein. Der Lyriker Beer hat eine solche Begegnung in einem Gedicht geschildert, das er »Sonett an die Fremde« nennt:

»Als gestern ich vom Wegrand dich erblickt,
warst du noch eins von anderen Gesichtern.
Und als du zaghaft grüßtest, still und schüchtern,
sah ich dich stehn und habe stumm genickt.

Dann fühlt' ich deine Blicke auf mir ruhn,
darauf ein Trunk ließ mich dein Auge finden.
Ich sah dein Lächeln zarte Reinheit künden
und tiefes Ahnen. Aber nun

empfinde ich das Binden dieses Blicks.
Und wenn die Augen auch voll Scham sich wandten,
es war die Scham des unverhofften Glücks.

Voll Hoffnung winkten wir – du warst schon weit.
Und schmerzvoll in dem Augenblicke brannten
hartes ›Nie mehr‹ und süße Ewigkeit.«

Die süße Ewigkeit bleibt und lässt in uns, oft die ganze Jugend überdauernd, ein sehnsuchtsvolles Ziehen zurück; denn natürlich ist es nicht das einzige und letzte Mal, dass wir uns verlieben. Wir suchen nun nach irgendeinem geheimnisvollen Urbild den Menschen, der zu uns passt und bei dem sich die volle, die vollkommene Liebe entfalten soll und kann. Werden wir ihn finden? Wann und wie soll es geschehen?

Jede Begegnung birgt in diesem Alter Schüchternheit in sich, besonders aufseiten des Mädchens. Die spielerische Annäherung ist ein Grundzug der Natur. Wir beobachten diesen Vorgang auch im Tierreich, zum Beispiel bei den Graugänsen, deren Verhalten Konrad Lorenz eingehend untersucht hat. Er beschreibt, wie sich ein junges Gänseweibchen verliebt: »Es drängt sich niemals dem Geliebten auf, läuft ihm auch niemals nach, sondern findet sich höchstens ›wie zufällig‹ an Orten, die er häufig besucht. Ob sie seiner Werbung geneigt ist, erfährt der Ganter nur durch das Spiel der Augen. Sie sieht nämlich seinem Imponiergehabe nie direkt zu, sondern schaut angeblich anderswohin; in Wirklichkeit schaut sie aber doch hin, und zwar wie um die Richtung ihrer Blicke zu verbergen, ohne den Kopf zu drehen, mit anderen Worten: Sie schielt aus den Augenwinkeln nach ihm, haargenau wie Menschenmädchen es tun.« Die Werbung des Ganters gegenüber der Gans geht so vor sich, dass er ein bestimmtes Geschrei erhebt. Dabei richtet er Kopf und Schnabel nicht direkt auf die Gans, sondern schreit mit gebogenem Hals an ihr vorbei. Wenn die Gans in der gleichen Art, ebenfalls mit gebogenem Kopf, antwortet und beide in das sogenannte Triumphgeschrei einstimmen, dann sind sie verheiratet, und zwar in der Regel bis zum Lebensende. Das können gut und gerne fünfzig Jahre sein. Sexueller Kontakt erfolgt unter Umständen erst einige Zeit später. Für die Bindung sind sexuelle Kontakte keine Vorbedingung. Konrad Lorenz stellte fest, wie auffallend oft das Liebes- und Eheverhalten der Graugänse an den Menschen erinnern. So kann auch eine verwitwete Gans jahrelang nicht mehr ansprechbar sein, und der Tierkenner sieht ihrem Gesicht an, dass sie depressiv ist.

Die erste Verliebtheit zwischen zwei Menschen hat den Sinn, in uns Gefühle zu wecken und aufzubauen, die künftige Liebe erfüllen und tragen sollen. Sie hat sicher nicht den Sinn, sich auf der Stelle zu erfüllen und die gegensätzlichen Pole »männlich« und »weiblich« zu vereinen. Wir werden jedoch in unserer Entwicklung neu orientiert – von Schule und Elternhaus, Hobbys und Freunden des gleichen Geschlechts zu dem künftigen Partner des anderen Geschlechts, um den von jetzt an zwar nicht unser ganzes Sein, aber doch unsere innigsten, schönsten und geheimsten Gedanken kreisen. In uns bauen sich Vorsätze und stumme Versprechungen auf, die wir ihm eines Tages erfüllen wollen: Wir möchten gut zu ihm sein, aufrichtig und wahr, möchten für ihn sorgen, ihm Geborgenheit geben und sie bei ihm finden, möchten uns austauschen und verstehen, ergänzen und lieben.

Aber Liebe ist ein großes Wort, und ihre Zeit ist noch nicht gekommen. Beide möchten sich nahe sein und sind sich doch fern, schüchtern und befangen, voll Herzklopfen und Erwartung. Erwartung worauf? Für wann?

Wenn sich ein Mensch verliebt, sagt Sigmund Freud, überträgt er sein Ich-Ideal, also wie er gerne sein möchte, auf einen Partner und schreibt ihm diese Eigenschaften zu. Wenn er nach einigen Monaten erkennt, dass der Partner doch anders ist, als er ihn sich vorgestellt hat, dann kommt die große Enttäuschung. Die Verliebtheit wird dann desillusioniert. War es nur der Charme, der Liebreiz oder die Attraktivität, in die man sich verliebt hatte? Den jungen Menschen erregt die Begegnung mit dem anderen Geschlecht. Erregung weckt und steigert die Liebe. Je mehr sich Eltern und Freunde gegen eine oberflächliche Verbindung sträuben, desto stärker fixiert sich die Verliebtheit bei den Betroffenen. Mit der tatsächlichen Wirklichkeit und den objektiven Vorzügen des Partners hat das wenig zu tun. Man muss daher zwischen Verliebtheit und Liebe unterscheiden, wobei die Grenzen nicht festlegbar sind. Es gibt Übergänge und Überschneidungen, und was dem einen Liebe bedeutet, kann bei dem andern noch Verliebtheit sein. Ein charmantes Lächeln kann verliebt machen, ein vielsagender Händedruck Entsprechendes übermitteln, ein feinfühliges Wort vermag zu verzaubern. Überschäumende Sympathie kann Dämme brechen und über das Ufer branden, muss aber noch keine Liebe auf Dauer sein. Um es mit einem Tierbeispiel zu sagen: Verliebtheit ist wie ein Vogel in freier Luft, die ihm aber kein Nest bietet. Rosa Wolken der Gefühle verfliegen, die Lässigkeit der Empfindungen baut kein Fundament der Partnerschaft. Aber wer verknallt und verliebt ist, merkt es in der Regel nicht.

Wie kann man sich näher kommen, ohne den andern zu verletzen und sich etwas zu vergeben? Man sieht ihn oder sie auf der Straße, in einem Geschäft, in der Bahn oder wo immer. Wagt man, den andern anzusprechen? Folgt man errötend seinen Spuren, geht man einsam und aufgewühlt nach Hause und wird ihn oder sie nie wiedersehen? Wie riskiert man, und wie besteht man das Wagnis der Annäherung?

In einer Jugendgruppe hat man die besten Möglichkeiten, zwanglos ins Gespräch zu kommen. Da ergibt sich vieles von selbst. Man pflegt Hobbys, man stellt sich gemeinsame Aufgaben innerhalb der Gruppe und nimmt sich bestimmte Arbeiten vor. Dabei lernt man den andern nach seinen Gaben und Fähigkeiten kennen und entdeckt auch am unauffälligsten die Stärken und Schwächen seines Charakters. In einem späteren Stadium schreibt man einander vielleicht einen Brief, den man wahrscheinlich nicht abschickt, schreibt einen zweiten, den man auch zerreißt, aber schließlich schickt man einen ab. Bangend wartet man Tag für Tag, von denen jeder endloser zu sein scheint als der vorherige, auf Antwort. Endlich gibt man es auf, oder man hält ein paar Zeilen in der Hand, die zusammenführen oder auf Abstand gehen.

Was ist, wenn man mündlich oder schriftlich nichts hört, wenn er oder sie die Gefühle nicht erwidert? Das wird man sicher öfter erleben, denn nur selten zündet der Funke in beider Herzen gleichzeitig und gleich stark. Meistens verliebt sich einer schneller und auch tiefer. Manchmal folgt ihm der andere allmählich, oft wird er aber durch die Stärke der Gefühle geradezu abgestoßen. Darum sei vorsichtig und behutsam mit deinen, aber auch mit den Gefühlen des andern. Fordere sie nicht heraus und gehe nicht davon aus, dass er empfindet wie du und dies genauso äußern möchte. Zurückhaltung lässt dem andern die Freiheit, auf seine Weise und zu seiner Zeit sich zu entfalten und der eigenen Gefühle bewusst zu werden. Und wenn er sie wirklich nicht erwidern kann, deine stürmische, ja leidenschaftliche Verliebtheit, so musst du es hinnehmen. Vielleicht ist er oder sie zu jung, dann kannst du warten; vielleicht trägt der andere ein ganz anderes Bild in sich, auf das er zugeht; vielleicht ist er auch durch dein Verhalten erschreckt und befremdet. Du wirst damit leben und deine Lehren daraus ziehen müssen. Schön ist der Zustand, verliebt zu sein, in jedem Falle. Man kann daraus lernen, sich darüber freuen und ihn als Wink und Zeichen des Lebens dankbar aufnehmen. Das Gefühl der Verliebtheit haben wir erprobt und haben gemerkt, wie leidenschaftlich es in unserem Herzen zugehen kann. Das ist sicher gut, aber genauso notwendig ist es, dass wir dann auf den Boden der Wirklichkeit zurückfinden. Denn »Leidenschaft ist nicht Liebe. Liebe ist etwas anderes; sie ist einfach Aufgabe, die täglich neu gestellt wird, und gar nichts ›Heroisches‹, gar nichts ›Glühendes‹. Ihr Wesen ist Treue, Verzicht, Vertrauen« (Luise Rinser).

Aber wenn nun das Zeichen der Erwiderung kommt und man gespannt voll Bangen, Vorfreude und mit pochendem Herzen auf den Augenblick der persönlichen Begegnung zugeht, in der beide für ihre Zeichen einstehen, in der beide nicht mehr verstecken, was sie füreinander fühlen – vielleicht tauschen sie sich nun mit Worten und Blicken aus, mit einem Händedruck und dem Gleichklang der Schritte, der Gesten, der Empfindungen und Meinungen. Geht, sprecht, spielt, lacht, arbeitet, singt und stimmt euren Rhythmus tastend und behutsam aufeinander ein. Noch ist es Zeit, sich einander anzunähern, ähnlicher und damit verständnisfähiger zu werden. Menschen, die sich erst als Erwachsene kennen- und liebenlernen, haben größere Schwierigkeiten, die gewachsenen Unterschiede zu überbrücken, den schon gefundenen Stil auf den des andern abzustimmen und sich nicht stören zu lassen, dass der andere so anders ist. Wenn man jung ist, ist noch nichts bestimmt und fest, sondern alles noch im Wandel und Werden begriffen. Dies bietet die Chance, aneinander zu wachsen und allmählich miteinander eine starke und schöne Einheit zu bilden. Aber sie setzt behutsames Reifen, gründliches Sichkennenlernen und reichhaltigen Austausch im Gespräch voraus.

Soweit junge Menschen sich eine natürliche Unbefangenheit und Unverdorbenheit bewahren konnten, spielt in dieser Phase Sexualität noch keine Rolle. Alles andere ist wichtiger in dieser Zeit der Annäherung. Ein natürliches Schamgefühl hält sie zurück und lässt sie empfindsam reagieren gegenüber jeder allzu starken Tönung von sexuellen Wünschen und erotischen Affekten. Viele meinen, es gäbe heute zwischen jungen Menschen kein natürliches Schamgefühl mehr, sondern Schamgefühl werde durch Erziehung und Verdrängung erzeugt. Jeder aber, der junge Leute unbefangen beobachtet und ihnen gegenübertritt, wird merken, dass sich gerade bei den Natürlichsten und Gesündesten dieses Schamgefühl ganz von selbst einstellt und erhalten bleibt – mitten in aufgeladener erotischer Umgebung. Es scheint, dass es so etwas wie eine Schutzhülle gibt gegen überhitzte und übereilte Sexualbeziehungen, die in den Massenmedien heutzutage ständig propagiert werden. Was Einheit werden will und sich auf Ehe vorbereitet, muss sich behutsam finden und allmählich annähern. Dafür gibt es den langen Weg der Partnerbegegnung, der nicht abgekürzt werden sollte.

Der erste Beste muss es nicht gleich sein. Es wäre sogar wünschenswert, wenn man zunächst unverbindliche Kontakte in harmloser Weise zu recht vielen Menschen hat. Eine Schnellbegegnung und frühzeitige Bindung mit einem Freund oder einer Freundin zahlen sich in der Regel nicht aus. Hier liegt der Vorteil und eine wichtige Funktion der christlichen Jugendgruppe, dass man sich in unverfänglicher Weise kennenlernen kann, ohne sich zu vergeben. Ich ziehe die christliche Gruppe jeder anderen vor, da nur in dieser auch die geistliche Übereinstimmung getestet werden kann. Die charakterliche Eignung kann man auch anderweitig feststellen, aber die Glaubenstiefe, die geistliche Harmonie sowie die biblische Übereinstimmung und deren Pflege werden nur in dem genannten Rahmen möglich sein. Man sollte eine Gruppe suchen, in der man sich wirklich wohl fühlt und heimisch wird. Der Geborgenheitscharakter dieser Gemeinschaft trägt dazu bei, dass ein Klima gegeben ist, in dem man sich ohne Vortäuschung falscher Tatsachen kennen lernen kann. In der gleichaltrigen Gruppe finden viele so etwas wie ihre zweite oder sogar ihre erste Heimat, da das eigene Zuhause oft nicht befriedigt, als zu eng und oft als verständnislos empfunden wird. Der junge Mensch wächst aus der elterlichen Familie heraus, hat aber die eigene Familie noch nicht gegründet. In dieser Zwischenphase der Jugendzeit bietet sich die Jugendgruppe als Eingliederungs- und Einübungsfeld geradezu an. Hier bietet sich dem Jugendlichen die Möglichkeit, die sozialen Qualitäten des Partners erfahren zu können. Die Basis des Kennenlernens ist hier weitaus besser als ein noch so reizvoller Flirt anderswo im leicht alkoholisierten Zustand.

Weniger positiv verläuft der Weg, wenn man auf die unverbindlichen Kontakte der Straße, der Teestube oder einer Diskothek angewiesen ist. Da sollte man skeptisch sein, wenn Mädchen versuchen, durch kürzere Röcke und enge Pullis, mit Lippenstift, Lidschatten und Wimperntusche auf sich aufmerksam zu machen. Jungen röhren mit der Stimme oder den Auspuffverstärkern ihrer Mopeds, lassen den Bizeps spielen oder die Moneten springen. Es hängt vom Geschmack, der Erziehung und von der Sozialschicht ab, was jeweils dem begehrten Objekt imponiert. Wer raue Manieren zeigt, wird raue Behandlung erfahren; wer in seiner Aufmachung sexuelle Signale setzt, wird sexuelle Begierde hervorrufen; wer Benehmen und Sprache pflegt, wird gepflegte Partner interessieren. Um einen passenden Partner zu finden, braucht man weniger etwas zu tun, als etwas zu sein. Wie man sich benimmt, so wird man den andern ansprechen; wie zart man sich gibt, so zart wird man Antwort erhalten. Insofern kann ich durch meine eigenen Signale bestimmen, welchen Partner ich finde und wie er reagiert. Für Christen wird an dieser Stelle die Frage der Nachfolge wichtig sein. Signalisiere ich eindeutig meinen Glauben, dann wird er nichtgläubige Partner auf Distanz halten oder sogar abschrecken, dagegen aber ähnlich glaubende und die Nachfolge praktizierende Christen anziehen. Ein klares Bekenntnis zu Christus ist übrigens der beste Schutz vor späteren Enttäuschungen und schafft von vornherein klare Verhältnisse. Das Risiko muss man eingehen, dass man wegen seiner christlichen Einstellung gemieden oder abgelehnt werden kann. Wer das tut, dem brauchen wir aber nicht nachzutrauern. Schon hier sollte die Scheidung der Geister eintreten, damit spätere Ehenöte zumindest in diesem Punkt vermieden werden können.

Natürlich gibt es immer Missverständnisse und Enttäuschungen. Liebeskummer wird unvermeidlich sein. Früher gab es einen Schlager mit dem Titel »Liebeskummer lohnt sich nicht, my Darling«. Nimmt man das wörtlich, wird man sich altmodisch vorkommen, falls man tatsächlich Liebeskummer hat. Aber ist nicht Liebeskummer ein Beweis dafür, dass Gefühle tiefer reichen als bis zum Hals? Zeigt er nicht, dass wir das Herz ein bisschen zu weit geöffnet und vielleicht ein wenig zu vorschnell verschenkt haben? Liebeskummer kann quälen, einsam machen und am Leben verzweifeln lassen. Aber zum Verzweifeln ist in Wirklichkeit kein Grund vorhanden. Man muss wissen, dass die erste Liebe meistens nicht die letzte ist. Liebeskummer ist ein Zeichen dafür, überhaupt lieben zu können. Auch wenn diese Worte kein Trost sind – er muss sein, er vertieft die Gefühle, macht reifer und echter und darf kein Grund werden, überhaupt keine Gefühle und keine Liebe mehr zu riskieren, um Kummer zu vermeiden.

Verliebtsein und Liebe

Verliebtsein und Liebe – was unterscheidet sie überhaupt voneinander? Zur Verliebtheit gehört das Fluidum der Sympathie, der Zuneigung, der Wärme und Bewunderung, die sich der Junge und das Mädchen, der Mann und die Frau entgegenbringen. Verliebtheit bringt seelische Aufgeschlossenheit mit sich, erzeugt ein wohltuendes, verzücktes Klima, auf das die Frau in besonderer Weise angewiesen ist, in dem sie sich geborgen fühlt und entfalten kann. Der Mann dagegen nascht schon mit den Augen, er möchte schmusen und dem Mädchen die Endgültigkeit der Situation vorgaukeln. Vielleicht glaubt er auch selbst eine Zeit lang daran, dass der Rausch der Gefühle alles ist. »Die erste Liebe ist trunken« (Martin Luther). Man verliebt sich zunächst meist nicht in die Person, sondern in ihre Attraktivität. Wie Wissenschaftler herausfanden, steigert ein hoher Erregungszustand die Bereitschaft, sich zu verlieben. Psychologisch wurde auch nachgewiesen, dass beispielsweise Teenager um so verliebter waren, je mehr sich die Umwelt gegen diese Verbindung stemmte. Hindernisse beflügeln eine Gefühlseskalation. Die Leidenschaft des Verliebtseins hängt also vor allem mit der grundsätzlichen Erregbarkeit eines Menschen zusammen; die tatsächlichen Vorzüge des Partners sind selten ausschlaggebend. Verliebtheit hat auch mit Egoismus zu tun, der die Befriedigung eigener Bedürfnisse sucht. Man muss daher lernen, die Augen aufzumachen und mit dem Innersten zu sehen. Das Herz muss den andern erkennen; bloße Optik ist zu wenig. Entsprechende Oberweite stellt nicht den Charakter dar. Idolmaße sagen nichts über das wirkliche Wesen aus. Sexuelle Begehrlichkeit ist noch keine Liebe. Sex kann beiläufig abgemacht werden; Liebe braucht mehr.

Die Durchgangsphase der Verliebtheit ist durchaus wichtig. Durch sie lernt man Gefühle zu unterscheiden. Das Positive ist die Unvoreingenommenheit des Verliebtseins. Vielleicht sollte jeder Mensch von Zeit zu Zeit in harmloser Weise Verliebtheit erleben, denn sie ist unendlich belebend, und das nicht nur in der Jugend.

Aber man muss ganz klar und deutlich wissen, dass sie ein flüchtiger Zustand ist und im Unterschied zur Liebe tatsächlich blind macht, während wirkliche Liebe sehend macht. Verliebtheit empfindet den andern bestenfalls als Schlüssel zur Kammer des eigenen Unbewussten. Sie ist eine längst gehegte Idee, eine Widerspiegelung eigener Hoffnungen und Wünsche im Bilde eines andern. Er wird nicht wirklich wahrgenommen, doch er zieht die Sehnsüchte auf sich. Verliebtheit vermag die Kräfte, den Geist und die Seele zu binden und zu nie gekannten Phantasien zu entführen. Aber Verliebtheit hält oft nicht lange an und ist manchmal mit Enttäuschung verbunden. Man erkennt, dass man sich im andern geirrt hat und er nur ein Mensch mit allen Fehlern und Schwächen ist, die man im Verliebtsein übersehen hat.

Ich will nicht ausschließen, dass sich Verliebtheit gelegentlich auch allmählich in Liebe verwandeln kann, in eine beglückende und feste Bindung an den andern. Diese Art Liebe ist realistisch, sie empfindet den andern dankbar als Ergänzung des Ichs, das sich im Du überschreitet, weitet, sprengt und findet. Sie bejaht und akzeptiert den andern. Sie äußert sich darin, dass man seine Nähe sucht, dass man gern die Sorge um und für ihn trägt. Das ist dann nicht Last, sondern Freude. Man hat Zeit, hört zu, nimmt und gibt, ohne aufzurechnen. Ohne einander möchte man nicht leben, ja kann es fast nicht mehr. Während Verliebtheit jäh und plötzlich ausbricht, wächst Liebe langsam und durchläuft viele Stadien und Stufen. Im Grunde braucht sie ein ganzes Leben, um sich zu vervollkommnen und an ihr Ziel zu gelangen.

Ist das so, dass Liebe Reife und Hingabe verlangt? Muss Liebe warten können, um reif zu werden? Entscheidet das Liebesverhältnis von heute die Ehe von morgen? Gibt es nicht unendliche Entgleisungen der Liebe?

Unter tausendfacher Verzerrung, unter mannigfacher Entartung ist Liebe als Perle zu finden. Sie ist die Kraft und das Wollen des Herzens. Sie drängt zum andern hin. Liebe ist das Wort, das den andern glücklich macht. Die Hinwendung zum Partner will beschenken, nicht gebrauchen. Liebe ist Reife und ist Last, die mitgetragen und mit verantwortet werden will und muss. Erst in reifer Last offenbaren sich Wert und Gewicht der Liebe.

Darum kann Liebe nicht sexuell ausprobiert werden. In allen

anderen Situationen ist der Partner eher zu erforschen, ob man zusammenpasst, als beim Sex. Das Ausprobieren (verfrühter Sex) kann niemals Liebe, sondern nur Lieblosigkeit sein. Wirklich Liebende möchten nicht vernascht werden; sie möchten alles miteinander teilen, auch die alltäglichen Dinge wie Wohnen, Essen, Arbeiten. Sie möchten Aufgaben und Schwierigkeiten gemeinsam lösen. Liebe ist daher bestimmt für die Weite der Möglichkeiten und der Liebesbeweise im Rahmen der Ehe. Liebesgemeinschaft ist Lebensgemeinschaft, bis der Tod sie scheidet.

Bloße Verliebtheit ist die gefühlsbetonte Seite der Beziehung. Hier hängt der Himmel voller Geigen, Flirt versteht sich als charmante Spielerei. Die Gefahr besteht darin, dass der andere sich eventuell Hoffnungen macht, die von vornherein nie erfüllt werden können. Das wird aber niemand einsehen und zugeben wollen. Man ist tatsächlich ein Stückchen blind. Das Spiel mit dem Gefühl des andern hat Kriterien. Einige Merkmale sind:

- Verliebtheit überwältigt. Man kennt sich selbst nicht mehr. Etwas ganz Ungewohntes ist über einen gekommen. Verliebtheit ist keine Kraft, die wir haben, sondern »die uns hat«. »Es kam ganz plötzlich über mich«, sagte ein junges Mädchen. Jetzt hat man die eigene Gefühlswelt nicht mehr unter Kontrolle. Man kann in Situationen geraten, die man später bitter bereut.
- Unnüchternes Verhalten. Wer über beide Ohren verliebt ist, meint im siebenten Himmel zu sein. Schiller drückte das so aus: »Das Auge sieht den Himmel offen, es schwelgt das Herz in Seligkeit.« Was man sonst in kühler Nüchternheit sachlich zur Kenntnis nehmen würde, sieht man jetzt im rosaroten Gewand, wie durch einen Zauber romantisch verschleiert. Es ist ein geflügeltes Wort: »Verliebt sein heißt, als Ausnahmefall behandelt zu werden.« Darin steckt mehr als ein Körnchen Wahrheit: Man ist nicht ganz zurechnungsfähig. Ein solcher seelischer Überschwang kann nicht auf Dauer bestehen bleiben und gedeiht nur in Tagen des Sonnenscheins. Verliebtheit vertreibt die Zeit, und die Zeit vertreibt die Verliebtheit« (italienisches Sprichwort). Psychologen sollen herausgefunden haben, dass sie zwischen drei Wochen und sechs Monaten dauert.
- Der zündende Funke. Er ist notwendig und unverzichtbar. Aber damit zwei Menschen nicht nur zueinanderfinden, sondern

auch beieinander bleiben, bedarf es mehr. Überschwängliche Gefühle sind zuwenig. Die Bewährung der Liebe muss hinzukommen. Hingerissensein reicht nicht. Verliebte versprechen sich zwar jedesmal die »ewige Treue« und meinen es auch todernst. Damit empfinden sie etwas Richtiges: Treue ist eine Ursehnsucht des menschlichen Herzens. Die Schwierigkeit besteht jedoch darin, dass in der Verliebtheitsphase der Wunsch nach Treue geweckt wird, aber noch nicht die Kraft vorhanden ist, sie auf Dauer zu verwirklichen. Verliebtsein beruht auf vielfältigen Gefühlen, die schwankenden Charakters sind. Sie reichen nicht als Fundament für »ewige Treue«. »Ich meine damit«, schrieb mir ein Mädchen, »dass es so schön, wie ich es jetzt empfinde, immer bleiben soll.« Aber wenn es eines Tages nicht mehr so schön ist? Ich verstehe die Überschwänglichkeit, die in manch einem Brief zum Ausdruck kommt: »Noch nie habe ich jemand so sehr geliebt! Ich habe mich mit meinem Freund fest verbunden, und wir lieben uns ganz arg. Eines Tages werden wir keine Probleme mehr haben, wenn wir uns ganz gehören. Wir können es kaum erwarten. Glauben Sie mir, es ist so, und ich übertreibe nicht. Es ist alles ganz echt in uns beiden. Wir können uns darauf verlassen und empfinden darin die Führung Gottes.« Es dauerte nur drei Monate, dann war alles schon aus. Enttäuschung und Trauer blieben zurück. Verliebtes Feuer kann das Gesicht sehr schnell ändern. Die Partner sollten dem Spontanen nicht zuviel Gewicht geben. Die tieferen Schichten des Nachdenkens und des Willens müssen nach einem festeren Fundament suchen.

- Die Schokoladenseite ist zu wenig. Wer verliebt ist, sieht den andern von der guten Seite. Der andere erscheint, wie man ihn sehen möchte. Wir lieben nicht den Partner, sondern die Wunschvorstellung, die wir von ihm haben. Im Grunde ist das nichts anderes als ein Selbstbildnis, das man gern hat. Das Ich spiegelt die gewünschten Eigenschaften und Vorzüge. Die Selbstliebe und die Erfüllung der eigenen Wünsche stehen noch obenan. Es zeigt sich, dass man sich an jemand klammert, der den eigenen Sehnsüchten entspricht. Ist der Liebesrausch verflogen, stellt man fest, dass das Fabelwesen sich so gewandelt hat, dass man ernüchtert zurückbleibt.

- In der griechischen Sage gibt es den schönen Jüngling Narziss, der selbstverliebt sein eigenes Spiegelbild im See betrachtet und dabei ins Wasser fällt. Diese Ichsucht wird von daher als *Narzissmus* bezeichnet. Die Deutung liegt nahe, dass der See der Partner ist, den man als zweites Ich ansieht. Die Selbstverliebtheit verliert das Gleichgewicht. Man fällt auf den anderen herein, eigentlich auf sich selbst.
- Die Außenwelt erscheint überflüssig. Alles kreist um das eigene Denken und Empfinden, und alles andere um einen herum wird übersehen. Schule und Ausbildung, Beruf und Verpflichtungen sind plötzlich nebensächlich. Alles wird vernachlässigt. Es gilt nur noch der eine Mensch. Man vergisst darüber auch die höhere Abhängigkeit, man vergisst Glauben und Gott. Der Engländer Lewis schreibt dazu: »Dann ist Gott nicht mehr die Liebe, sondern die Liebe ist Gott.«
  Aus Liebe wird alles über Bord geworfen. Goethe erkannte in diesem Zusammenhang: »So ist die Liebe beschaffen, dass sie allein recht zu haben glaubt und alle anderen Rechte vor ihr verschwinden.« Der Arzt George Bernard Shaw stellte fest: »Liebe auf den ersten Blick ist ungefähr so zuverlässig wie eine Diagnose auf den ersten Händedruck.« Dennoch werden wir alle Verliebtheit dieser Art durchmachen müssen, um den Einstieg zu finden, Gefühle zu prüfen und das Maß zu setzen, das Mann und Frau schließlich verbindet.

Echte Liebe hat ebenfalls Merkmale. Sie lebt nicht allein aus sich heraus. Wie jedes Lebewesen der Nahrung bedarf, so hat die Liebe einige Grundbedürfnisse:

- Liebe lebt von Verbindlichkeit. »Wer wechselt, ist bald Kleingeld.« Liebe wechselt nicht. Liebe springt nicht von einem zum andern. Sie bindet sich. Bindung vertieft die Partnerschaft. Eine Herzensbindung kann man nicht teilen. Darum haftet der Liebe etwas Ausschließliches und Beständiges an. Liebe braucht das!
- Liebe benötigt Zeit. Schon bei der Liebe auf den ersten Blick sollte man ruhig noch den zweiten abwarten. Überstürzung aus Ungeduld zahlt sich nie aus. Liebe muss warten können, denn im Warten reift der Charakter, wächst die Übereinstimmung. Das frühe Wartenkönnen erleichtert die spätere Treue.

- Liebe lebt vom Vertrauen. Liebe beruht nicht auf Berechnung. Sie ist nicht Kombination, nicht Kalkulation noch Spekulation. Sie braucht Vertrauen. Kalkül zerbricht. Liebe liefert sich aus. Darum bedarf es hier im höchsten Grade der Echtheit – Echtheit der Liebe und Echtheit des Vertrauens. Sonst ist das, was sich ausliefert, bald geliefert.
- Liebe lebt von der Treue. Staatsverträge werden geschlossen und nach Bedarf gebrochen. Versprechen werden gegeben und bei Konflikten nicht eingehalten. Ehen werden vor dem Standesamt und dem Altar mit einem »Ja, ja« feierlich ». . . bis der Tod euch scheidet« begonnen – und nach ein, zwei, fünf Jahren geschieden. Ist Treue unrentabel? Nein, sie ist notwendig. Die Liebe ist kein Augenblickserlebnis. Eine so genannte »Ehe auf Zeit« verhöhnt echte Liebe und führt sie ad absurdum. Liebe ist auf Dauer angelegt, auf Endgültigkeit. Zwar kann jede, wirklich jede Liebe im Treuebruch enden. Aber es geht nicht anders: Liebe und Treue sind ein Paar. Erst die Treue gibt der Liebe ihren Wert.
- Liebe lebt vom Opfer. Es gibt sie nicht zu Schleuderpreisen. Liebe ist teuer. Echte Liebe ist bereit, eigene Regungen aufzugeben. Opfer ist anders als bloße Lust und Leidenschaft. Die Dauer einer Liebe wird sich hier bewähren müssen. Beständigkeit bringt Belastung und Verzicht. Ehe und Familie reduzieren in vieler Hinsicht die Verwirklichung von Wünschen. In gegenseitiger Harmonie – manchmal auch Disharmonie – muss etliches zurückgestellt werden. Es gehört zum Wesen der Liebe, dass sie schenken und sich weggeben will. Das Opfer ist der schwere und doch reichmachende Ausdruck der Liebe. Darin reift sie. Eine Ehe ohne Opfer ist undenkbar.
- Liebe lebt von der Geduld. Idealpartner erster Qualität ohne Fehl und Makel, Sonnenkinder in purer Liebesleuchtkraft sind noch nicht geboren. Partner haben ihre Fehler, Mängel und Unzulänglichkeiten. Liebende bemerken an sich Böses, ihnen unterlaufen Irrtümer. Unerwartetes am andern bedrückt, Enttäuschungen lähmen. Liebe und Ehe werden plötzlich sehr irdisch, ganz menschlich. Sie sind durchzuhalten – aber nur mit gegenseitiger Rücksichtnahme, mit gegenseitigem Verständnis, mit gegenseitiger Geduld.
- Liebe braucht Lebensverankerung. Nicht im Rausch der Sinne

ist Liebe verankert. Liebe braucht Maßstäbe, die nicht in ihr selbst ihren Ursprung haben. Liebe ist in den größeren Rahmen der Schöpfungsordnung hineingestellt und hat dort ihre Verankerung. Die Begegnung der Geschlechter ist nicht in erster Linie ein körperlicher Vorgang, sondern eine geistig-seelische Angelegenheit. Liebe braucht also Lebensbezüge, ohne die sie die Existenzfähigkeit verliert. Jede Existenz aber mündet immer bei Gott als dem Herrn der Schöpfung. Gott ist das Elementare im ganzen Sein. Bei ihm beginnt und endet alle Verankerung. Von dieser Bergung und Geborgenheit ist Liebe letztlich abhängig.

- Liebe lebt von der Wahrhaftigkeit. Es gibt wenig Menschen, die die Wahrheit sagen, aber noch weniger, die sie vertragen. In einer normalen Ehe sollte beides der Fall sein: offene Wahrhaftigkeit und Liebe, die sie verträgt. Liebe ohne Wahrheit ist Täuschung, ist Betrug. Doch sollte Wahrheit nie ohne Liebe gesagt werden. Denn Wahrheit ohne Liebe kann hart und grausam sein. Es ist wohl richtig, dass die Wahrheit im Grunde der Natur des Menschen widerspricht (der Irrtum nicht); dennoch brauchen glückliche Partner die Wahrhaftigkeit (plus Weisheit) zum Fortbestand ihrer Liebe.
- Liebe lebt von der Erneuerung. Verbraucht sie sich? Unterliegt sie der Abnutzung? Ich weiß es nicht. Aber ich sehe manche verlebte Liebe, Liebe, die ausgelaugt und abgestanden wirkt, Partner, die negativ-nüchtern, enttäuscht und alt wurden.
  Sollte man nicht froh und zuversichtlich Liebe und Partnerschaft immer neu empfinden? Durch helle und dunkle Tage, durch gute und bittere Zeiten hindurch bedarf sicher jede Liebe der Erneuerung. Reicht menschliches Vermögen dazu aus? Ohne Frömmelei gesagt: Die Kraft Gottes erneuert. Der echte Glaube an Jesus Christus mobilisiert neue Möglichkeiten. Es ist kein frommer Sprachgebrauch, wenn ich meine, dass die Steuerung des Lebens durch Christus auch wirksam wird in der Erneuerung der Liebe. Sie lebt davon.
- Liebe lebt von der Vergebung. Liebe und Ehe kennen Versäumnisse und Fehler, Hässlichkeiten, bewusstes Wehtun, Nachlässigkeiten und Untreue. Liebe ist nicht unfehlbar. Sie weiß von Abgründen, die sich im eigenen Herzen und zwischen den Partnern auftun können. Schuld belastet oftmals die Liebe. Darum

kommt sie nicht ohne Vergebung aus. Nur durch Vergebung, nur durch Versöhnung mit Gott kann Schuld beseitigt werden. Durch die Vergebung sagt Gott ja zur Unvollkommenheit der Liebe und des Liebenden. Gott sagt ja zum Hoffnungslosen. Gott ist auch ein Gott derer, die nur fehlerhaft oder gar nicht lieben konnten. Jesus ist Herr der Vereinsamten und Zukurzgekommenen, der Übersehenen und Minderwertigen, der Entwurzelten und Verzweifelten, der Lästigen und der Entgleisten, ebenfalls der Übermütigen; ein Herr auch derer, die vielleicht vor Menschen noch makellos bleiben konnten, vor Gott aber schuldig wurden.

Durch Jesus Christus ist Gottes Vergebung unbegreiflich gütig, barmherzig, voll Freude, gnädig dem Hilflosen und Schuldigen. Hier löst sich das unentwirrbare Knäuel der schuldig gewordenen Liebe und des menschlichen Versagens.

Nur hier wird dem Menschen ein Stück seiner Würde zurückgegeben. Es findet sich wohl kein Mensch, der im Bereich seiner Intimsphäre nicht eines gnädigen Gottes bedürfte. Wem aber Schuld vergeben ist, der ist freien Herzens, der kann lieben.

Intensiver nachdenken

Die Gefahr des Irrtums

Es gibt für den Menschen drei einschneidende Ereignisse: die Geburt, die Liebe und den Tod. Leben ist immer ein Geschenk – einzigartig, unersetzbar, unnachahmlich und begrenzt. Erfülltes Leben bedarf der Liebe. Eine Welt ohne Liebe ist eine brutale Welt, im Grunde wertlos. Leben und Liebe gehören zusammen. Sie sind ineinander verflochten. *Nur* »Liebe« macht zum Phantasten, zum Schwärmer, zum Träumer. Wer Liebesgefühle ständig überhöht und nur über den Wolken lebt, täuscht sich selbst und verliert jede Realität. Liebe muss in der Wirklichkeit bleiben. Dort aber gehört sie zum Leben. Wer *nur* »Leben« meint, wird leicht zum Herzlosen und Gefühlsarmen, blockiert sich durch Rücksichtslosigkeit, durch Selbstsucht und eigene Herrlichkeit, wird unerträglich für andere.

Liebe ist schwer. Sie ist eigentlich das Gegenteil alles Menschenmöglichen. Sie ist übermenschlich, außermenschlich, jenseitig – und doch wieder sehr menschlich, sehr irdisch. Aber nicht Gier, nicht Enthemmung. Sie ist kein Spiel, kein nackter Sex, auch kein romantischer Hauch, kein geheimnisvolles Zusammenfließen von Gefühlen. Liebe ist weder reine Leidenschaft noch kaltes Geschäft, weder heiße Ekstase noch kühle Verehrung, nicht Rausch, nicht Tändelei, auch nicht Anbetung oder Schwäche.

Liebe ist nicht zu beschreiben, aber es gibt sie. Sie wirkt schlicht, bescheiden, innig. Sie ist größte Freude und kann tiefstes Leid sein. Sie fühlt sich dem Vertrauen des andern verpflichtet. Liebe will nicht gebrauchen, sondern beglücken. Sie hat ihr Ziel und ihren Sinn. Sie ist die Hinwendung des Herzens zum andern. Sie meint ihn, sucht ihn, sagt ja zu ihm. Liebe bleibt also nicht bei sich selbst stehen, sie verlässt sich selber.

Leben und Liebe sind wie Abenteuer, nicht wie Langeweile. Sie erfüllen den Menschen. Langeweile bringt Leere, Sinnlosigkeit und Lähmung. Liebe darf nicht angähnen, Leben nicht veröden; denn Leben und Liebe sind verwundbar. »Die sich langweilen, bringen die Welt in Gefahr.« Ohne Wertmaßstäbe geht alles verloren, verrinnt wie ein sinnloser Traum. Schuld und Versagen auf dem Gebiet der Liebe bringen uns letztlich in innere Einsamkeit. Aber auf keinem menschlichen Gebiet wird so oft geirrt wie im Bereich der Liebe. Nirgends gibt es so viel Leid und Schmerz, Enttäuschung und Hass. Denn jeder Hass ist abgewiesene, ausgenützte, verwundete und zerbrochene Liebe. Hass ist immer entstanden und herangereift aus unerwiderten und zurückgestoßenen Gefühlen, die der andere zur Karikatur gemacht hat. Auch Hass kennt Leidenschaft. Sie entsteht im Innern und versteckt sich oft über lange Zeiträume. Aber sie schleift sich tief ein und zerstört dann wertvolle Beziehungen, manche Liebe und ungezählte Ehen. Sie zu bezwingen ist eine Aufgabe der Persönlichkeitswerdung und der charakterlichen Reifung.

Es gibt Menschen, die ständig von einem Partner zum andern fliegen wie Schmetterlinge von Blüte zu Blüte. Man beobachtet einen Triebdruck, der sozusagen süchtig macht nach immer neuen Partnerschaften. Der tiefere Grund liegt wohl in einer großen Enttäuschung, die von einem zum andern irren lässt auf der Suche nach dem Menschen, der unserer Vorstellung entspricht, die bisher aber nicht erfüllt wurde.

Als eine ledige Frau zur Beratung kam, sprach sie von ihrem zwölften Freund und beteuerte: »Ich gehöre nicht zu denen, die die Männer wechseln wie ein Kleid. Nein, ich hatte einfach immer Pech. Stets wurde ich enttäuscht, und nach kurzer Zeit war ich gezwungen, jemand anders zu suchen. Aber jetzt habe ich Glück. Diesmal lieben wir uns wirklich. Mein Partner wird mich nicht enttäuschen, ich bin überzeugt von ihm.« Aber nach sechs Monaten war die Dame wieder allein. Sie war deprimiert. »Es sah alles so genial aus. Wir schienen hervorragend zusammenzupassen, nach außen waren wir ein gutes Paar. Aber dann veränderte er sich. Er wurde ganz anders. Schließlich hasste ich ihn.«

Ein älterer Herr fieberte nach einer engelsgleichen Frau. Schon Jahrzehnte suchte er nach ihr mit immer wechselnden Bekanntschaften. Nun schien er sie gefunden zu haben und war voller Enthusiasmus. Er heiratete innerhalb von vierzehn Tagen. Nach anderthalb Jahren ließ er sich scheiden. »Ich erwartete den Himmel und fand mich dann in der Hölle«, erklärte er. Ähnliche Beispiele gibt es am laufenden Band. Der Alltag liefert sie – oft mit banalen

Problemen, aber inneren Tragödien. Die große Liebe stirbt, der Himmel stürzt ein, die Ehe scheitert, man zerschellt an den Klippen gegenseitiger Unzulänglichkeit.

Wahrheit und Irrtum können sehr eng beieinanderliegen. Illusion und Wirklichkeit sind zu unterscheiden. Eine echte Beziehung hat die Pflicht zur Nüchternheit. Blind ineinander vernarrt zu sein hält nicht durch. Realistisch muss Menschliches in Kauf genommen werden und eine Angleichung beider Partner aneinander erfolgen; denn niemand wird engelhaft sein und auch nicht hexenähnlich. Beides gibt es und wird zu integrieren sein: Vorzüge und Fehler, Stärken und Schwächen, Schönes und Hässliches. Das Heiligenbild wird sehr schnell zum Zerrbild, wenn in uns selbst Unreifes gärt. Meine Fehler mischen sich mit den Mängeln des andern.

Die Ichsucht ist immer noch die verlässlichste Eigenschaft des Menschen. Liebe ist aber mehr als Egoismus zu zweit. Es gibt heutzutage immer mehr labile Menschen, die ihre Probleme in die Partnerschaft einbringen. Aber wer ist denn schon ganz stabil und ohne Tücken? Jeder Mensch vermag zu täuschen; in jedem steckt ein kleiner Schauspieler. Liebe und Ehe vertragen das auf Dauer nicht. Hier wird man ohne Scheu und Schale aufrichtig zueinander finden müssen einschließlich aller seelischen Schwächen, sonst entsteht keine Harmonie zwischen beiden.

Der Irrtum in der Liebe ist schmackhafter als die Wahrheit. Liebende verfallen ihm wie einem Rausch. Der Rausch wirkt wie eine seelische Blockierung, eine Schutzschicht um das eigene Ich. Wir lieben noch nicht das anders geartete Du, sondern nur das Ich, das wir im Du gerne sehen würden. Wir befinden uns noch auf der selbstsüchtigen Ebene, im Netz unentwickelter Gefühle, die sich noch auf einer kindlichen Stufe befinden, auf der sich Erwartungen und Forderungen anmelden, aber nicht gleichwertig zu geben vermögen. Das führt zum Misserfolg und zum Zusammenbruch der Beziehung.

Manchmal wird der andere kurzfristig zum willigen Träger unseres Wunschbildes. Eine Weile lässt sich eine Illusion aufrechterhalten. Ermüdet aber die aufgedrängte Rolle, dann wird man einander überdrüssig. Die Wirklichkeit zeigt sich ohne Schleier und ernüchtert beide. Sie erkennen die seelische Gefangenschaft, in der sie sich befinden, und brechen aus. Das Herausfinden aus dem

Irrtum verursacht immer einen neuen Riss im psychischen Gefüge. Wer schon mehrere Bezugspersonen hatte, wird auch später zu immer neuen Ersatzpartnern neigen. Die Desillusionierung ist aber nötig, denn ein anderer Mensch wird jeweils sehr verschieden sein und unserem Wunschgemälde nicht gleichkommen. Das mag ein innerer Schock sein, der das bisher gesponnene Gewebe der Selbsttäuschung zerreißt, die Beziehung zerbricht und die »große Liebe« meist plötzlich sterben lässt. Die Fata Morgana ist zu Ende, die in der Tat nie zu einer echten und dauerhaften Liebesbeziehung geführt hätte. Das Ende des Rausches gibt frei und vermittelt ein neues Lebensgefühl. Jeder Rausch der Liebe ist zeitgebunden und das Scheitern für den Außenstehenden absehbar, da jeder seelische Rausch gefärbt ist durch Illusionen, genährt wird vom Irrtum und gestützt wird durch Selbstbetrug.

Echte Gemeinschaft wird erreicht, wenn wir den Durchbruch schaffen vom Irrtum zur Wahrheit, vom Ich-Erlebnis zum Du-Erlebnis und vom Wunschtraum zur vorgegebenen Realität. Dieser Prozess des Reifens wird sich nicht ohne Schmerzen vollziehen. Vielleicht erscheint uns ein Partner auf einmal fremd und fern. Dann ist die Zeit gekommen, dass wir uns mit dem Du auseinandersetzen. Vorher beschäftigte uns der unbewusste Teil unseres eigenen Ichs. Wo Liebe immer in Bewegung bleibt, im Reifen und Werden, hat sie Bestand. Sie ist Arbeit am eigenen Wesen, ist ein Kampf zwischen Hinwendung und Konflikt, zwischen Verständnis und Distanz, zwischen Freude und Schmerz. Wer das durchmacht und durchsteht, wird schließlich seine Unsicherheit verlieren. Die Sicherheit einer Beziehung ergibt sich weder aus der seelischen Gefühlswelt noch aus der biologischen Körperlichkeit, sondern aus der Ganzheit der Zuwendung und der Ausschließlichkeit, sich verbindlich hinzugeben und den andern mit Plus und Minus aufzunehmen.

Die Wahl des Partners

Zukunftsbestimmend wird schon die Wahl des Partners sein. Sie hat eine außerordentlich tiefe und weitreichende Bedeutung, denn der richtige Partner kann das eigene Leben zur Entfaltung bringen und die Ehe zur Erfüllung. Ein falscher Partner dagegen wird die Entwicklung der persönlichen Anlagen hemmen und die Verbindung zu einer Stätte schwerer Enttäuschungen und großer Nöte werden lassen. Vielfach treffen Menschen die Wahl des Lebensgefährten nach eigenem Gutdünken, ohne Gott oder Menschen um Rat zu fragen. Sie sind davon überzeugt, in der Stimme des Herzens und in ihrem Verstand zuverlässige Ratgeber und Wegweiser zu besitzen. Das kann jedoch zu einer gefährlichen Selbstüberschätzung führen. Sicher hat das Herz ein entscheidendes Wort, aber unser Inneres ist widerspruchsvoll und trügerisch. Die gemütvolle und erotische Zuneigung zweier Verliebter garantiert noch kein späteres Eheglück. Liebe kann verblassen und sich wandeln. Professor Otto Piper: »Gerade die erotische Liebe ist in vielen Fällen der Grund, weshalb Ehen unglücklich werden. Weil die beiden sich in ihrer Verliebtheit nicht klargemacht haben, dass Ehe gegenseitiges Dienen und Ertragen der Andersartigkeit des andern einschließt, kommt die erotische Liebe so oft in schwierigen Lagen oder nach Auseinandersetzungen zu einem Ende.«

Das Gefühl vermag den Verstand zu manipulieren. Der Wunsch des Herzens kann Denken und Wollen so beherrschen, dass der Mensch zu nüchternen Überlegungen unfähig wird. Jedoch ist die Wahl des Lebenspartners auch kein Rechenexempel, das man mit »kühlem« Verstand lösen könnte. Es ist zu bedenken, dass jeder Mensch eine eigene kleine Welt ist. Unser Verstand durchschaut nicht die letzten Tiefen dieser Welt. Es kann sein, dass die Wahl, die heute klug erscheint, sich später als töricht erweist, weil unsere Vernunft begrenzt ist und künftige Wandlungen in der Regel nicht zu überschauen vermag.

Die Erkenntnis der eigenen begrenzten Urteilsfähigkeit macht demütig. Darum sollten wir uns einer anderen Hand und einer anderen Führung anvertrauen, so wie sich ein Bergsteiger einem Ortskundigen anvertraut, damit er nicht leichtfertig sein Leben aufs Spiel setzt. Nach dem Zeugnis der Bibel erstreckt sich Gottes Führung und Fürsorge bis in die Belange des Alltags hinein. Sollte die schwerste und wichtigste Lebensentscheidung davon ausgenommen sein? Man darf sich der Führung Gottes gerade in diesem Punkt anvertrauen, denn Gott vermag Menschen jenseits von Gefühl und Verstand verbindlich zusammenzuführen und in Treue zu erhalten. Das ist keine fromme Theorie, sondern vielfach erfahrene Wirklichkeit. Vorgefasste Meinungen und Wünsche werden dabei manchmal zurücktreten müssen. Gott handelt nicht nach Schablonen. Die Führung Gottes wird dem einen vielleicht plötzlich innerlich klargemacht, während ein anderer nach langem Warten und quälender Ungewissheit seinen Weg erkennt. Bei dem einen mag zuerst das Herz angesprochen werden, während bei einem andern die verstandesmäßigen Überlegungen im Vordergrund stehen. Sich von Gott führen zu lassen heißt nicht, unter allen Umständen passiv bleiben zu müssen. Das gilt auch für das Mädchen und die Frau. Sie darf die Augen offen halten und mit klarem Blick nach einem Partner Ausschau halten. Dem schüchternen Mann kommt die Initiative der Frau nicht selten entgegen. Hier gibt es kein Verhaltensmuster, das die Aktivität der Frau zurückdrängen dürfte. Jedoch sollte das unaufdringlich und dezent geschehen, in zurückhaltender Art, ohne den andern nötigen zu wollen. Natürlich gilt das gleichermaßen auch für den Mann, verstärkt sogar.

Die Führung Gottes ist nicht selbstverständlich. Wir haben keinen Anspruch darauf. Aber man sollte ernsthaft darum beten, längst bevor diese Frage spruchreif geworden ist. Es gibt auch ein unaufrichtiges Gebet, in dem Gott letztlich vielleicht doch nach den eigenen Wünschen und Neigungen des Betenden entscheiden soll. Das Erkennen des göttlichen Willens will geübt sein. Wer vorher nicht nach ihm fragte oder jahrelang dem Willen Gottes auf anderen Gebieten widerstrebte, der kann nicht erwarten, dass Gott ihm jetzt in dieser wichtigen Entscheidung eine klare Weisung gibt.

Gott bietet uns manchmal einen guten Weg an, aber er zwingt ihn keinem Menschen auf. Wer eigensinnig und selbstsüchtig seinen Weg gehen will, der wird von Gott nicht gehindert. Er trägt dann aber auch die Verantwortung. Wer alle Haltesignale überfährt, darf später Gott nicht verantwortlich machen für die sich ergebende Entgleisung. Gottes Barmherzigkeit fügt es dennoch manchmal, dass unsere selbst gewählten Wege für seine Pläne dienstbar gemacht werden. Er kann auch anfänglich schwierige Ehen zum rechten Ziel und zu guter Partnerschaft führen.

Sachlicher Rat und menschliche Vermittlung sind manchmal unumgänglich. Ein früherer Jugendseelsorger sagte mit Recht: »In keiner Sache bedarf man des Rates erfahrener Christen dringender als in dieser.« Zwar kann uns niemand die persönliche Verantwortung und Entscheidung abnehmen, wohl aber kann wesentlich dazu beigetragen werden, dass wir des rechten Weges gewiss und froh sind und vor unübersehbaren Folgen einer falschen Wahl bewahrt werden. Ein Dritter ist nämlich als Ratgeber für Verliebte objektiver eingestellt. Es liegt im Wesen des Verliebtseins, ein mögliches Nein Gottes gar nicht erst diskutieren zu wollen, um nicht gegebenenfalls etwas aufgeben zu müssen. Gehorsam und Glauben gehören eben auch zur Wahl des rechten Partners.

Die Mechanismen der Partnerwahl und die Ursachen der Sympathieunterschiede sind eigentlich noch wenig erforscht. Man suchte nach aufschlussreichen Erkenntnissen über Partnerbindung und Ehe bei den Tieren. Die Verhaltensforschung fand distanzierte und nüchterne Annäherungsarten, oft weniger stark gefühlsbetont als es beim Menschen der Fall ist, bis hin zu aggressiven Verhaltensmustern, beispielsweise bei gewissen Spinnenarten, deren Annäherungsphase sehr kurz ist, die Paarung sogleich folgt und das Weibchen nach der Begattung das Männchen auffrisst. Genauso gibt es aber auch aggressionsgedämpfte Annäherungen, die mit der Wahl des Partners zu einem lebenslangen Beieinanderbleiben führen.

Im menschlichen Bereich sollte die Wahl nüchtern, solide und zuverlässig vor sich gehen. Was leidenschaftlich-aufwühlend geschieht, zu allen Himmeln emporhebt, weckt zwar schöpferische Kräfte, stößt aber auch in tiefste Abgründe. Leidenschaftlichkeit in der Wahl kann unfrei und unreif sein, ein Aufflackern kindlicher Bedürfnisse. Echte Bindung geschieht in freier, fast spielerischer Form, dennoch in großer Verantwortung, Neues gestaltend, nicht nur kopierend und unreif fixiert.

Im Unbewussten liegt vielleicht ein modisches Idealbild vor oder ein vorgeprägtes Leitmotiv. Von gewissen Wirkfaktoren der Partnerwahl wird man sich lösen müssen, um zur Selbstentfaltung zu kommen. Man wird sich fragen: Wer bin ich eigentlich, und welche Charakterstruktur ergänzt meine eigene? Passt der Sentimentale zur Intellektuellen, die Passive zum Emsigen, der Abenteurer zur Reservierten, die Rastlose zum Trägen, der Machtgierige zur Neugierigen? Es gibt ja auch genügend neurotische Partnerbeziehungen: die herrschsüchtige Frau und der nicht durchsetzungsfähige Mann, der raue Polterer und die unterwürfige Frau, die Schwermütige und der Alleskönner, der Besserwisser und die Resignierende, der extreme Pedant und die triebhaft Verwahrloste. Es kann durchaus vorkommen, dass bei pathologischen Paarbeziehungen jeder Partner auf die Wesensart des andern angewiesen ist. Der schwache Mann ist mit seinem Selbstmitleid angewiesen auf die dominierende Frau mit ihrer Herrschsucht. Die Leidenslust des einen ist ebenso groß wie die Machtlust des andern. Ohne die gegensätzlichen Eigenschaften des andern fühlt man sich unwohl und kommt nicht zur vollen Entfaltung. Es sei aber unmissverständlich darauf hingewiesen, dass zu große charakterliche Gegensätze und neurotische Spannungen nicht zur dauernden Zufriedenheit führen, da sie die Partnerschaft auf Dauer unerträglich werden lassen. Aber gewisse Kombinationen werden belebend wirken. Die impulsive Frau, die in ihrer Spontaneität von Natur aus gerne über das Ziel hinausschießt, wird sich bei einem gewissenhaften und bedächtig reagierenden Mann wohl fühlen. Der Mann profitiert von der anregenden Art seiner Frau, während er in die Ehe die notwendige Ruhe einbringt und Geborgenheit ausstrahlt. Jeder bringt das ein, wozu der andere nicht in der Lage ist. Gegenseitiger Ansporn ist wichtig: Der phlegmatisch veranlagte Mann wird mit Hilfe seiner impulsiven Frau vielleicht auch seine eigene Spontaneität entdecken und frischer und beweglicher werden. Umgekehrt kann es der Frau geschenkt sein, die frühere chaotische und überschießende Impulsivität in Bahnen zu lenken und die vielfältigen Initiativen zu ordnen. Jeder Partner begegnet im andern der unverwirklichten und brachliegenden Seite durchaus vorhandener Eigenschaften. Man erlebt gegenseitig Wesenszüge, die ergänzen und erfreuen. Eine bisher ungelebte Möglichkeit wird sichtbar und verdeutlicht sich in familiärer oder beruflicher und gesellschaftlicher Aktivität.

In fast allen Ehebüchern findet man zwei Grundsätze: 1. »Gegensätze ziehen sich an« und 2. »Gleich und gleich gesellt sich gern.« Wahrscheinlich bestehen die größeren Aussichten für eine harmonische Ehe, wenn die Unterschiede nicht zu gravierend sind. Die Gleichheit muss aber nicht alle Initiativen töten. Auch unterschiedlich veranlagte Paare können durch den Annäherungsprozess Anregungen und Wandlungen erfahren. Wenn zum Beispiel ein Mann die bei ihm nicht recht entwickelte Gemütswärme bei seiner gefühlsbetonteren Frau bejaht, dann kann es möglich sein, dass die Gefühlsseite sich auch bei ihm mit der Zeit entfaltet. Das wird aber nur gelingen, wenn nicht Missgunst und aggressives Verhalten ins Spiel kommen. Man sollte eine zunächst polare Rollenverteilung bejahen und annehmen. Je mehr sich beim männlichen Teil das Mannsein und auf der weiblichen Seite das Frausein festigt und verinnerlicht, desto eher kann man dazu übergehen, die starre Rollenverteilung wieder zu lockern, ohne in der Geschlechtlichkeit verunsichert zu werden. Nur eine unreife und eine krankhafte Partnerwahl werden hier in starrer Fixierung Probleme heraufbeschwören. Im Grunde spricht man auf ergänzende Eigenschaften des Partners an und wählt ihn deswegen. Die Abweichung und der Kontrast dürfen jedoch nicht zu extrem sein, da sonst die gemeinsame Ebene zu klein wird. Gemeinsamkeiten sind unbedingt notwendig. Eines Tages schlägt nämlich die Frage um. Es heißt dann nicht mehr: »Was zieht mich an?«, sondern: »Was stört mich am Partner?« Zu viele Störfaktoren überfordern den andern. Die Ehe wird nicht von tiefliegenden Unvereinbarkeiten getragen, sondern von möglichst vielen Gemeinsamkeiten. Im Krisenfall können störende Eigentümlichkeiten des Partners eine derartige Überbewertung bekommen, dass der Ehe ein ernsthafter Konflikt bevorsteht. Was vorher als ergänzende Eigenschaft galt, kann jetzt die problematische Schwäche sein. Was bei wem echt und unecht war, kann dann zur Frage werden. »Zum Beispiel wählt ein sehr weicher und unselbständiger Mann nicht etwa eine Frau mit echter, gereifter Selbständigkeit, sondern eine herumkommandierende und autoritäre, eventuell ›kastrierende‹ Persönlichkeit, die mit ihrer demonstrativen Selbstherrlichkeit bloß eigene tief liegende Selbstunsicherheit wettzumachen und zu überspielen sucht. Dem allzu selbstunsicheren Mann fehlt einerseits offenbar das Gespür für echte Selbständigkeit; er lässt sich dann leicht täuschen. Andererseits wird er unbewusst die Problematik des Partners spüren und sich ihm gerade deshalb einigermaßen gewachsen fühlen; eine gesunde Reifepersönlichkeit würde ihn überfordern« (Zuber).

Es müsste also in der vorehelichen Zeit zunächst eine entsprechende Reife und eine solide Festigung der Persönlichkeit erreicht werden, bevor die Ehe eingegangen wird. Die jeweilige Identitätsfindung des Partners ist notwendig. Da der Mensch ein ausgesprochenes Lernwesen ist, wird er mit Hilfe von Lernkontakten seine Rolle finden, die ihm schöpfungsgemäß zugedacht ist. Seine individuelle Selbstentfaltung, verbunden mit seiner Selbsthingabe, wird der Ehe Fundament geben. Liebe darf schließlich nicht in Gegensätzen erlebt werden, da das mangelhaft verwirklichtes Menschsein bedeuten würde.

Die optimale Wahlmöglichkeit des Lebenspartners sieht die Psychologin Christa Meves in ihrer Schrift »Wer passt zu mir?« (Hänssler-Verlag) in zwei grundsätzlichen Voraussetzungen: einmal in dem Phänomen Faszination und zum andern in den Charakterstrukturen, die sie ausführlich beschreibt. Mit Besonnenheit werden beide Partner sich Klarheit verschaffen, welche Vorbedingungen in ihrem Fall günstig sind. »Wenn zwei Menschen sich allein aufgrund der biologischen Anziehung heiraten, so pflegt das nur gut zu gehen, wenn beide in der Ehe eine psychische Entwicklung durchmachen. Zwei Menschen passen nicht einfach aufgrund ihrer sexuellen Faszination für ein ganzes Leben zueinander. Unser Körper altert, und mit ihm nimmt die Faszination durch das Äußere ab. Es gibt Menschen, die ohne nachzudenken meinen, es reiche die leibliche Anziehung und Übereinstimmung aus. Nicht selten werden solche Ehen nach zwanzig- bis dreißigjähriger Gemeinschaft doch noch geschieden« (Meves). Stärker ist wahrscheinlich die psychische Faszination. Hier geht es um Charakterstrukturen, die wie Orientierungsmarken den andern faszinieren und beeinflussen können. Die Charakterstruktur des Menschen wird sowohl durch Erbanlagen als auch durch frühkindliche Erlebnisprägungen bestimmt. Diese Ausformungen haben regelmäßig typische Akzente. Christa Meves benennt vier Grundcharaktere: den »Einsiedlertyp, den Hingabetyp, den Ordnungstyp und den Darstellungstyp«. Es lohnt sich, die Definition dieser Typen und die Übertragung auf die eigene Person vorzunehmen. Interessant ist, welche Partnerkombinationen sich von daher ergeben. Passt der Ordnungstyp mit seinem Sinn für Sparsamkeit und Ordnung, für Gewissenhaftigkeit und Enthaltsamkeit, für Korrektheit und Beständigkeit, mit seinem Pflichtbewusstsein und seiner Herrschsucht und dem nicht geringen Eigensinn zum Darstellungstyp, der Lebhaftigkeit und Fantasiereichtum, Wendigkeit, Freigebigkeit und Geschicklichkeit verkörpert, der Veränderungsbereitschaft besitzt und Darstellungsfreude hat? Oder wie passt der Einsiedlertyp mit Eigenschaften wie Genügsamkeit, Zurückgezogenheit, Zähigkeit, aber auch mit seiner Verstandesschärfe und ein bisschen Versponnenheit zum Hingabetyp, der Kontaktfähigkeit besitzt, Passivität und Opfersinn kennt, aber auch Hingabebereitschaft und Hilfswilligkeit aufbringt?

Paare werden ihre Veranlagungen und Eigenschaften prüfen und ermessen, ob sie auf Dauer zueinanderfinden. Sie werden auch ihre Temperamente einzuorden und abzustimmen suchen. Immer wieder hat man im Laufe der letzten Jahrzehnte den Menschen beobachtet und praktische Menschenkenntnis verwerten wollen. Man stieß auf Möglichkeiten und Grenzen der Typisierung. Meist werden es Mischformen sein, die wir in einer Person wiederfinden. Zahllose Varianten zeigen die unwiederholbare und einmalige Individualität des Menschen. Der Einzelne ist von seinem Typ her kaum auslotbar und festlegbar, vielfältig in seinen Zwischenformen. Einige Psychologen meinten mit zwei Temperamenten auszukommen, etwa dem Extrovertierten und dem Introvertierten (C. G. Jung). Anderen schien die Gliederung in drei oder vier Grundtypen sinnvoller zu sein. Der Psychiater Kretschmer hat überraschende Beobachtungen gemacht und seine Charaktertypen im Zusammenhang mit dem Körperbau ermittelt. Danach benannte er den Schmalwüchsigen, den Kräftigen und den Rundwüchsigen. Dieser Dreier-Gliederung steht die stärker differenzierende Vierer-Einteilung gegenüber, die von dem Arzt und Philosophen Hippokrates stammt. Er benannte die klassischen vier Temperamente: den Choleriker, den Melancholiker, den Sanguiniker und den Phlegmatiker. Der Philosoph und Pädagoge Eduard Spranger entwickelte eine Sechser-Variante nach den individuellen Bewusstseinstypen. Professor Knut Knutsen schließlich legte sich auf zwölf Temperamente fest und personalisierte sie wie folgt: der Vorwärtsstürmende, der Bewahrende, der Dozierende, der Zurückgezogene, der Dramatische, der Akkurate, der Ausgleichende, der Kämpferische, der Joviale, der Sammelnde, der Anspornende, der Skeptische.

Die Kenntnis verschiedenartiger Charakterstrukturen erleichtert die eigene Einordnung. Paare sollten ausführlich und kritisch miteinander über Eigenschaften diskutieren. Das geschah schon von alters her. »Drum prüfe, wer sich ewig bindet, ob sich das Herz zum Herzen findet« (Schiller). Auf irgendeine Weise braucht man Gelegenheiten, sich kennen zu lernen, ehe eine ernsthafte Festlegung getroffen werden sollte.

Junge Leute tun gut daran, sich raten zu lassen und Wegweisung zu suchen. Es nicht zu tun wäre kurzsichtig und unklug. Nach dem Lexikon wird Intelligenz unter anderem als Fähigkeit definiert, von der Erfahrung (anderer) zu profitieren. Auf dem Gebiet der Partnerwahl kann man daher anhand der kurz angedeuteten Charakterstrukturen lernen und Gesprächsbereitschaft zeigen. Auch aus Glaubenserfahrungen kann man lernen. Es wird also davon abzuraten sein, jemand zu wählen, der nicht glaubt. In einer Ehe würde dann die tiefste Art der Kommunikation fehlen, die nur vom Glauben her gegeben ist und weder auf geistiger noch auf biologischer Ebene erreicht werden kann. Will jemand bewusst Christ sein, dann benötigt er auch einen entschiedenen Menschen, der seinen Glaubensstandpunkt zu teilen vermag. Ein etwa atheistischer Einfluss bekommt sonst ein solch beherrschendes Übergewicht, dass das Glaubensleben des anderen darunter verkümmert oder gar erstirbt.

Um eine sich anbahnende Verbindung nicht wieder zu verlieren, sind viele bereit, »fromm« zu werden oder »sich zu bekehren«, sogar zu einer anderen Kirche überzutreten. Dadurch lasse sich bitte niemand täuschen. Fast immer sind solche Versprechungen lediglich als Zeichen dafür zu werten, dass überhaupt noch keine biblische Erkenntnis und kein wirklicher Glaube vorhanden waren.

Manchmal meint man durch entsprechende Bibelstellen zueinander geführt zu sein, auch wenn der äußere Anschein anders ist oder Dritte abraten. Vielfach hört man von jungen Leuten: »Wir haben eine entsprechende Schriftstelle geschenkt bekommen«

oder: »Wir haben gemeinsam dasselbe Bibelwort gezogen und fühlen uns daher von Gott geführt.« Man kann sich gegenseitig mit Bibelsprüchen erpressen. Das hat mit Glauben und Vertrauen nichts mehr zu tun. Die Bibel kann nicht als Orakel verwendet werden. Das zeigen die Enttäuschungen, wenn trotz entsprechender Bibelstellen Ehen nach kurzer Zeit zerbrechen.

War das nun Gottes Führung oder nicht? »Es muss etwas von dem berechtigten Stolz der Erdenkinder, ihres eigenen Glückes Schmied sein zu dürfen, in dem Glück eines Brautpaares liegen. Es ist nicht gut, hier allzu schnell von Gottes Willen und Führung zu reden. Es ist zunächst einfach nicht zu übersehen euer ganz und gar menschlicher Wille, der hier am Werk ist und der hier seinen Triumph feiert« (Dietrich Bonhoeffer).

Nicht selten setzt ein Partner den andern unter Druck. Man meint die Erkenntnis Gottes zu besitzen und klare Orientierung zu haben. Der andere ist aber innerlich noch nicht so weit oder hat gar eine andere Auffassung. Es hat wirklich keinen Sinn und macht am Ende unglücklich, wenn man den andern aufgrund eigener Überzeugung auf eine Linie zwingt, der er nicht zu folgen vermag. Geistliche Erpressung kann nicht der Wille Gottes sein. Die Idealehe, in der die beiden Partner immer einer Meinung und von den gleichen Empfindungen beseelt sind, ist ein kindischer Traum. So etwas gibt es in Wirklichkeit nicht. Der Schöpfer hat dem Mann in seinem Weibe ein »Gegenüber« (1. Mose 2,18) geschaffen, das anders ist als er selbst. Diese Verschiedenheit zwischen Mann und Frau bedeutet eine polarisierende Spannung, die auch die Gefahr der Konflikte in sich birgt. Eine Ehe ohne Spannung bietet zwar wenig Reibungsfläche, lässt sie aber zugleich eintönig und langweilig sein. Die geistige Ebenbürtigkeit beider Partner ist einer der Faktoren, die die Ehe erhalten werden. Menschen mit sehr unterschiedlichem Bildungsgrad und stark abweichenden Lebensformen werden es schwer haben, auf Dauer in Harmonie zu leben. Gemeinsame Interessengebiete sind unerlässlich. Dazu gehören Musik und Literatur, Kunst und Hobbys, Sport und Gartenarbeit, Geselligkeit und Urlaub. Gemeinsames Erleben verbindet immer wieder aufs Neue. Fehlt das, so lebt man sich unweigerlich auseinander. Optimal wäre es, wenn beide ähnliche Berufsaufgaben und gemeinsame Dienststellen oder Arbeitsstätten hätten. Die Familienwerkstatt und das

Handwerkerehepaar oder das Pfarramt und der Arztberuf und einige andere machen es in unserer Zeit noch möglich, wenn die Ausbildung entsprechend war. Nicht zuletzt haben sich deshalb Familienbetriebe über Generationen durchsetzen können. Dieses Idyll schwindet mehr und mehr in unserer mobilen Zeit.

Harmonie wird bekanntlich nicht dadurch gestört, dass zwei Töne verschieden klingen; sie müssen aber aufeinander abgestimmt sein. So müssen auch Herz und Gemüt der beiden Ehepartner im gleichen Grundton schwingen, wenn es zu einer seelischen Harmonie kommen soll. Beide dürfen und sollen ja ihre seelische Eigenart – aber nicht Unart – behalten.

Im Überschwang der ersten Liebe wird oft übersehen, dass für eine rechte Ehe auch bestimmte Voraussetzungen erforderlich sind. Ein schöner Körper und normengerechte Proportionen sind allerdings noch nicht entscheidend. Hinter äußerem Charme kann sich viel innerer Unrat verbergen. Eine schöne Schale sagt noch nichts über den möglicherweise ungenießbaren Kern. Da kann man sich unendlich täuschen und todunglücklich werden. Wahrhaftigkeit, Opferbereitschaft und Selbstdisziplin sind wichtig; Ausgeglichenheit, Fleiß und Dankbarkeit eine bessere Basis. Auch körperliche Leistungsfähigkeit wird gefragt sein, da Mutterschaft und Kindererziehung höchste Anforderungen an die Gesundheit stellen. Von einem gesunden Leib hängt wiederum die geistig-seelische Spannkraft ab. Es wäre lieblos und unverantwortlich, einem schwachen oder kranken Mädchen eine Aufgabe zuzumuten, an der es zerbrechen müsste. Mitleid ist zwar eine lobenswerte Sache, aber kein Grund zum Heiraten. Schwere organische Leiden, ansteckende Krankheiten und gewisse geistig-seelische Störungen machen untauglich zur Ehe. Da solche Hindernisse den Beteiligten oft unbekannt sind oder in ihrer Bedeutung unterschätzt werden, ist es wirklich nicht unsinnig, den gegenseitigen Austausch von ärztlichen Ehetauglichkeitszeugnissen vorzunehmen. Zu viele Ehen wurden aufgrund von Verschweigen, Verleugnen und Vertuschen geschlossen, sodass erst nach der Hochzeit die Wahrheit sichtbar wurde. Im Grunde war das dann ein Erschwindeln der Ehe und ein Betrugsmanöver, bei dem man den andern im Unklaren ließ oder diesen falsch oder gar nicht informierte.

Der Altersunterschied sollte nicht zu gravierend sein. Sicher machen einige Jahre nichts aus, wobei es günstiger ist, wenn der männliche Partner älter ist. Zu große Altersunterschiede sind problematisch. Hier sollte man sich von einem erfahrenen Eheberater informieren lassen. Irgendwo hört hier aber die Berechtigung von Anraten oder Abraten auf. Wer wollte sich anmaßen, so stark in das individuelle Leben des andern einzugreifen?

Lange Zeit hat man die Ursache der Kinderlosigkeit ausschließlich bei der Frau gesucht. Sie wurde oft lange behandelt oder sogar operiert, bis man endlich feststellte, dass der Grund in der Zeugungsunfähigkeit des Mannes lag. Früher war die Zeugungsunfähigkeit ein Scheidungsgrund. Es hat Männer gegeben, die Selbstmord begingen, weil ihre Unfähigkeit, ein Kind zu zeugen, sie deprimierte und lebensmüde machte. Dieser hohe Anteil männlicher Unfruchtbarkeit war früher unbekannt, woraus sich Fehler in der Diagnostik und Therapie herleiteten. Heute wird anhand eines Ejakulats ein Spermiogramm gemacht, wobei die Beweglichkeit und die Morphologie der Spermien festgestellt werden. Auch bei gesunden Männern können Spermien missgebildet sein. – Sollte die Ursache einer eventuellen Kinderlosigkeit bei der Frau liegen, so hat man heute verschiedene medizinische Möglichkeiten, Abhilfe zu schaffen, so die Aussicht auf Erfolg dafür gegeben ist. Es gibt aber eine beträchtliche Anzahl von Frauen, deren Kinderwunsch trotz ärztlicher Behandlung unerfüllt bleibt.

Im Blick auf andere Hautfarben und Rassen sind die kulturellen und gesellschaftlichen Merkmale sehr unterschiedlich. Früher meinte man, dass Partner verschiedener Rassen einfach nicht zueinander passen. Wenn aber ein Farbiger in Deutschland und als Deutscher geboren wurde, deutsche Kultur und deutsche Ausbildung hat, was dann? Möglicherweise sind die Kinder dem Spott der Straße ausgesetzt. Aber ist das ein Kriterium der heiratswilligen Partner gegen ihre Verbindung? Eine Pauschallösung gibt es sicher nicht. Wahrscheinlich wird man im Einzelfall Wichtiges bedenken müssen. Die Bibel kennt keine Rassendiskriminierung. Alle Völker sind vor ihr gleichwertig. Damit ist aber nicht gesagt, dass jeder Mensch jede Rasse heiraten sollte, nur weil vor Gott alle Menschen gleich sind.

Eine Partnerwahl muss demnach wirklich eine Wahl sein. Wenn man anderer Überzeugung ist, dass Verliebtheit etwa wie eine Erkältung über einen kommt, dass man einer Erkrankung keinen Widerstand entgegensetzen kann, dann verfügt man nicht über eine wirkliche Wahlmöglichkeit. Man wählt keine Krankheit. Liebe muss der Vernunft untergeordnet sein, auch wenn man hart zu kämpfen hat. Aber das Denken darf nicht ausgeschaltet werden, selbst wenn die Liebe zum stärksten Gefühl gehört, zu dem der Mensch fähig ist. Verliebtheit ist zwar blind, aber Gott schenkt Verstand – auch in Angelegenheiten der Liebe. Eine Bindung sollte nicht zu einem Zeitpunkt eingegangen werden, zu dem eine Prüfung nicht erfolgen konnte oder Unsicherheiten zurückblieben. Gerade charakterlich wertvolle Menschen fühlen sich manchmal zu früh verpflichtet. Sie wollen nicht wortbrüchig werden und geweckte Erwartungen enttäuschen. Eine unverbindliche Bindung ist aber noch keine Ehe. Es ist ehrlicher und auch ehrenhafter, sich rechtzeitig zu trennen, als eine Ehe einzugehen, die den Keim des Verfalls in sich trägt. Niemand meine überheblich: »Das kann mir nicht passieren!« Der Glaube ist kein Lückenbüßer für verkehrtes Handeln. Besser ist, einmal mehr denken, bevor man nach zweijähriger Ehe wieder auseinandergeht. Juristisch schafft man das spielend, eben weil das Ganze nur ein Spielchen war. Ein Liebesspiel oder ein Kinderspiel? Lassen Sie sich darum Zeit zum Kennenlernen. Langsam entdeckt der eine den anderen in seiner Eigenart, in seinen Wesenszügen, Gedankengängen und Erwartungen. Das geht nicht im Schnellkurs. Man darf nicht überreden, keine falschen Versprechungen geben, man darf nicht nötigen und nicht hetzen. Es eilt doch nicht. Lassen Sie sich Zeit, ein Stück des Weges Seite an Seite zu wandern, um wesentliche Fragen abzuklären.

Wer zur See fährt, muss die Richtung kennen. Ein Kompass zeigt ihm den Kurs. Die nötigen Kenntnisse gehören zu den unumgänglichen Vorbereitungen einer großen Fahrt. Man muss ablesen können, wohin der Kompass zeigt. Es gibt Seminare für Verliebte und Verlobte, es gibt Eheschulungen, die für wenig Geld besucht werden können. Eine prächtige Gelegenheit, in gut geleiteten Gesprächen die Richtung anzupeilen.

Liebe und Ehe sind kein Zuckerguss. Ehe ist weder zu verherrlichen noch zu verniedlichen, sondern muss angenommen werden als Entschluss zweier Menschen, die sich bejahen möchten, die darauf vertrauen, dass sie zueinandergeführt wurden, um bewusst und mit Dank das Leben zu gestalten. So steigt man in das Boot, löst die Stricke und muss allein zurechtkommen. Auf der Weite des Wassers muss die Richtung stimmen, es muss gesteuert werden, es kommen neue Erwartungen und vor allem Stürme. Selbst wenn im Sturm ein Leck entsteht, muss die Fahrt weitergehen.

Aber nicht jeder besteigt ein Schiff. Einige stehen am Kai und gehen am Ufer auseinander. Rechtzeitig genug. Und sie bleiben für immer allein oder suchen weiter. Nur der Hochmut witzelt über Ledige. Auch das Alleinsein kann Lebenserfüllung bedeuten, Einsatz in letzter Verantwortung und Hingabe für andere.

Die Fahrt ins Offene will überlegt sein. Was man da tut, ist kein Sonntagsvergnügen. Wenn man ins Schiff steigt, um zu zweit durchs Leben zu fahren, wagt man etwas. Vielleicht ist es der größte Start des Lebens. Man verlässt das Land und folgt einer Richtung. Man ist aufeinander angewiesen und einander ausgeliefert, »bis der Tod sie scheidet«. Aber sie verschließen voreinander nicht die Augen. Sie rennen auch nicht Hals über Kopf auf das Boot, sondern lernen sich am Ufer richtig kennen. Wirkliche Liebe hat die Idealisierung nicht nötig. Sie braucht die Wahrheit nicht zu scheuen, sondern wird an ihr wachsen. Da begegnet man sich ungeschminkt im gewöhnlichen Leben. Wer die Fahrt in die Weite antritt, wird mit jedem Wetter zu rechnen haben, mit jeder Stimmung: mit Eifer und Ermüdung, mit Fröhlichkeit und Unlust. Die Fahrt ist lang genug, um alle Seiten unseres Wesens zu enthüllen. Da macht keiner dem andern etwas vor. Die Nüchternheit erträgt kein Make-up. Schon vor dem Start muss das wirkliche Gesicht bekannt sein. Das schützt vor Demaskierung. Auch Mängel und Schwächen darf man liebhaben. Man will ja tragen helfen. Ein Ich hat ein Du gefunden. Man ist nicht mehr allein, man hat ein Gegenüber.

Die Ehe fällt niemandem in den Schoß. Weder ein flüchtiges Versprechen oder ein ernsthaftes Gelöbnis noch eine öffentliche Besiegelung begründen das Gelingen einer Ehe. Ehe steht am Hochzeitstag nicht einfach zur Verfügung. Hier beginnt erst ein Prozess des Werdens, der oft durch Tiefen hindurchgeht. Beide müssen aufeinander zuwachsen und miteinander reifen. Das wird auch kritische Phasen mit sich bringen und innere Schmerzen.

Schmerzen prägen. Werden sie angenommen und ausgehalten, dann wächst man zusammen. Dann kann auch ausgeglichen werden, was an notwendiger Übereinstimmung vor der Ehe fehlte oder an Vorbereitung zu kurz kam. Charaktereigenschaften passen sich an, Egoismus wird auf ein Normalmaß eingeebnet. Man lernt Liebe zu schenken, ohne nur haben zu wollen. Partnerschaft ist mehr, als nur zu begehren und zu benutzen, zu genießen und zu besitzen.

Körperliche Nähe

Irgendwann zündet der Funke bei beiden; die Überlegungen sind vorbei, Herz, Seele und Leib sind offen füreinander und fühlen sich unwiderstehlich angezogen. Irgendwann kommt es dann zum ersten Kuss. Ein junger Mann schrieb mir einmal, er habe Angst, beim Küssen Fehler zu machen. Wie man denn richtig küssen würde. Ich antwortete ihm, dass er diese Angst nicht zu haben brauche. Es mag perfekte Liebhaber geben, aber am reizvollsten bleibt doch der erste tastende, suchende und überaus vielsagende Kuss. Lange hat man vor ihm gebangt und sich auf ihn gefreut. Irgendwann ist die Gelegenheit da, bei einem Abschied an der Hausecke, einem gemeinsamen Radausflug oder nach einer Familienfete. Der Kuss ist mehr als nur ein flüchtiger Tupfer, und es gäbe viel über ihn zu sagen.

Der Kuss ist sozusagen das kleine Gipfeltreffen der Liebe. Er ist die Miniaturform der Vereinigung zweier liebender und sich suchender Körper. Es lohnt sich, darüber nachzudenken, was der Kuss eigentlich ist, was er besagt und wie es überhaupt zum Küssen kam. Verhaltensforscher sehen im Kuss nämlich eine verkümmerte Fütterungsgeste. So wie heute noch die meisten Vögel ihren Jungen vorverdaute Nahrung in den Hals würgen, hätten früher auch die Menschen den Kleinkindern die Nahrung von Mund zu Mund zugeführt. Da das mit Liebe und Fürsorge verbunden sei, habe das Kind mit dieser Geste der Mundvereinigung das Gefühl der zärtlichen Zuneigung erlebt. Auch ohne den Zweck der Fütterung haben sich nun diese Gefühle bis in unsere Zeit erhalten.

Heute besitzt der Mensch in seinen Lippen eine der am besten durchbluteten, dünnhäutigsten und mit den meisten Nervenenden besetzten Körperzonen – ein Instrument der Annäherung, des Ausdrucks und der Empfindung, das als Liebesorgan geradezu ideal ist. Wie man küsst, kann man natürlich mit Druckbuchstaben nicht hinreichend ausdrücken. Eine Vielzahl von Varianten und Möglichkeiten sind üblich: der flüchtige Begrüßungs- oder Abschiedskuss; der Bühnenkuss bei Künstlern; der politische Kuss in den Ostblockstaaten; in Adelskreisen und bei Südländern ist es der vermeintliche Eroberungskuss, den man wie eine Trophäe heimführt. Sie sind alle wenig ausdrucksvoll und versprechen im Grund mehr, als sie halten. Es gibt den freundschaftlich-herzlichen Kuss, etwa nach langer Trennung und bei unverhofftem Wiedersehen; den innigen Versöhnungskuss und den gefühlvollen Liebeskuss unter Verwandten. Sie alle sagen schon mehr als Worte vermögen. Sie wollen ja gerade peinliche Worte ersparen. Mit ihnen kommt etwas zum Ausdruck, was man ohne diese Geste nicht unter Kontrolle und bei sich behalten könnte.

Der Kuss der Liebenden aber vereint für eine kürzere oder längere Weile alle Empfindungen, Sehnsüchte, Hoffnungen und Wünsche in den Lippen, die sich treffen. Das Herz schlägt schneller, die Gesichter erhitzen. Man glüht auf die Verschmelzung hin und erlebt in den Lippen symbolisch und zugleich sinnlich die Einheit im Teil, der für das Ganze steht. Hier sind alle Stufen der Nähe, der Innigkeit und Leidenschaft möglich. Der Wille zur Annäherung verrät sich in Druckstärke, die mit der Stärke der Umarmung einhergeht. Ein leidenschaftlicher Zungenkuss kann die Empfindungen aufwühlen wie eine intime Vereinigung. Nur bleibt beim Kuss immer ein Rest von Sehnsucht nach größerer und tieferer Begegnung. Zugleich ist er aber auch eine Geste der Bejahung, die Befriedigung und Glück enthält.

Mehr als je zuvor sollte man heute aber auch wissen, dass Küssen für die Gesundheit gefährlich sein kann, wenn Keime übertragen werden, selbst wenn es nur die einer Erkältung sind. Es gibt aber sehr viel ernstere Erkrankungen, sogar lebensgefährlicher Art, die durch einen Kuss übertragen werden können. Darum empfiehlt es sich, nicht wild in der Welt herumzuküssen, sondern den intimen Kuss auf den Mund auf *einen* Menschen zu beschränken. Mit ihm tauscht sich dann auch die winzige Flora und Fauna der Schleimhäute aus. Beide bilden eine symbiotische Einheit, ähnlich wie es bei anderen Organen der Fall ist. Der Kuss soll die Durchblutung und die Herztätigkeit fördern und den ganzen Organismus beleben. Er verbindet und vereint und stützt die Lebensfreude der Partner.

Im Grunde kann man nichts falsch machen, wenn man nur seine Gefühle ehrlich ausdrückt. Gefühle überfluten auch Ungelenkigkeiten und Unvollkommenheiten. Dennoch achte im Kuss jeder darauf, dass man nicht zu weit geht, ob der andere die Gefühle noch erwidert oder ob man die Wellenlänge des andern nicht mehr erreicht. Man sollte nur dann küssen, wenn man sich ganz auf den andern Menschen einstellt, wenn man innerlich dabei ist und ihm sagen kann und will: Ich mag dich, ich liebe dich. Man sollte niemals dem andern etwas vormachen. Als Motive zum Küssen eignen sich weder Angeberei noch Neugier oder Eroberungssucht. Liebesgefühle sind zu kostbar, um mit ihnen zu spielen.

Man kann einen Kuss auch als Schleimhautkontakt mit seelischer Vibration bezeichnen. Händeschütteln ist weniger. Junge Menschen sollten vor der Ehe wissen, dass Küssen sexuell erregen kann. »Das war ein tolles Erlebnis. Es ging mir durch und durch«, schrieb ein Mädchen. Das Zwiegespräch der Lippen zeigt die Bereitschaft zu vertraulichem Kontakt. Küssen ist daher nicht nur eine Sache der Haut. Der ganze Körper ist beteiligt. Der Atem des andern ist ganz nah, man spürt die Nähe der Person, und sexuelle Gefühle regen sich. Man öffnet sich äußerlich und innerlich für den andern. Ein Kuss weckt Hoffnungen, eine Verbindung von Seele zu Seele entsteht. Der Kuss ist für viele die erste intime Begegnung, er ist eine geschlechtliche Handlung. Wer sich auf die Ehe vorbereitet, muss auch die Bedeutung dieser sexuellen Begegnung kennen. Vielleicht kann der liebende Partnerkuss intensiver sein und mehr geben an Übereinstimmung und Zuversicht, an Vertrauen und Hingabe als der eigentliche Geschlechtsverkehr. Die intimen Stellen an sich machen es nicht. Wichtiger ist das Ineinanderfließen der Gefühle und Empfindungen. Der Kuss vermag das Bedürfnis nach Zärtlichkeit und Intimität zu stillen. Er meint doch: Wir gehören einander. Im Grunde hat nämlich ein Kuss mit Treue und Bindung zu tun. Diese Art Kuss kann man nicht an jede und jeden verschenken (die oberflächlichen Tupfer vielleicht). Ein Kuss ist nämlich nicht gleich ein Kuss. Auf die Beziehung kommt es an und auf die Gefühlswelt, die sich auf Ehe einstimmt.

Irgendwann im Leben eines Paares wird die körperliche Annäherung stärkere Impulse annehmen. Das hängt mit den seelischen Gefühlen zusammen, die sich ausdrücken möchten. Wenn beide darauf Acht haben, dann kann das eine sehr schöne Phase des Miteinanders sein. Das sexuelle Interesse wird dabei über die Ebene der rein körperlichen Erregung herausgehoben und humanisiert.

Die biologische Anziehung der Geschlechter wird umgesetzt in die partnerschaftliche Begegnung zweier Menschen, die voneinander etwas erwarten und die einander etwas zu sagen haben. Die sexuelle Energie braucht zu diesem Zeitpunkt noch nicht auf dem Wege biologischer Geschlechtskontakte ausgelebt und ausgedrückt zu werden. Sie verfügt über vielfältige andere Formen, von denen sie Gebrauch macht, vorausgesetzt, dass der Mensch die verantwortlichen Grenzen kennt. Wir sollten fein darauf achten, dass Gesten und Äußerungen den Gefühlen nicht vorauseilen. Eine ausgeprägte Sympathiebeziehung zwischen zwei Partnern sucht früher oder später auch ihren körperlichen Ausdruck. Zärtlichkeit in Form von Petting überschreitet die Grenze. Petting hat nichts mit oberflächlicher Berührung zu tun, sondern ist in der seelischen Wirkung gleichbedeutend mit einem intimen Umgang; es ist geschlechtlicher Umgang. Leidenschaftliche Zuneigung und die Suche nach Lust drängen die Hände in jene Bereiche, die sonst verborgen sind. Petting sucht im buchstäblichen Sinne den andern zu erfühlen, kennen zu lernen, ihm näher zu kommen und den Wünschen auf weitere Vereinigung vorauszueilen. Es gibt dann meist kein Zurück mehr. Gefühle und Triebe drängen weiter. Von nun an ist ein gleitendes Gefälle in eine bestimmte Richtung vorgegeben.

Sexuelle Kontakte sind der Ehe vorbehalten. Die Enträtselung der Geschlechtlichkeit ist ein ehelicher Vorgang. Die Inbesitznahme des Leibes sollte nicht vorweggenommen werden. Es wäre ein schädigender Eingriff in die sich noch entfaltende Gefühlswelt junger Menschen. Der Intimkontakt greift besonders bei Mädchen tief in das seelische Leben ein und gestaltet dieses grundlegend um. Sexuelle Ersterlebnisse hinterlassen bleibende Spuren. Mädchen, aber auch Jungen werden dadurch seelisch geprägt. Besonders Mädchen sind davon betroffen, da die Erstbeziehung zum Partner meist eine Bindung hinterlässt. Spätere Nöte vieler Menschen zeigen, dass ein solch verfrühtes Erlebnis zu einem Knick in der Wesensentfaltung führen kann. Ein experimentierendes, nur neugieriges Abtasten des andern wäre ein Missbrauch seines Vertrauens und kann weder den einen noch den andern beglücken. Man muss auch gar nicht so schnell steigern, um zum Ziel zu kommen. Es ergibt sich sonst eine Unersättlichkeit, die sich nur belastend auf die spätere Ehe auswirken kann. Dann funktioniert plötzlich nicht mehr, was vorher scheinbar erfolgreich erprobt wurde. Erstaunlicherweise haben viele junge Paare kurz nach der Eheschließung mit hartnäckiger Frigidität zu tun. Der mächtige innere Trieb im Verein mit einer noch mächtigeren äußeren Sexualisierung durch die Vergnügungsindustrie drohen uns in diesen Winkel zu pressen, aus dem wir schwer wieder herauskommen, wenn wir uns diesem doppelten Druck widerspruchslos fügen. Wir sollten frei sein und unserer Liebe Vielfalt, Offenheit und Phantasie gestatten und sie nicht auf sexuelle Lusterlebnisse eingrenzen. Je länger und ausgiebiger wir die ganze Breite der Beziehungen (Gespräche, Wandern, Freude an Natur und Kunst, Gruppenerlebnisse, gemeinsame Hobbys, Sport, Reisen, Konzerte, Literatur, Oper und Theater und vor allem gemeinsames Musizieren) auskosten, um so weniger sind wir auf den schmalen Raum zwischen Sex und Langeweile eingeengt, auf den sich so viele Paare festlegen.

Es ist nicht nachteilig, wenn ein Paar, das auf eine Heirat zugeht, sich bis dahin zurückhält. Dennoch wird ein Annäherungsprozess bei Verlobten stattfinden. Wenn wir die Ganzheit des Menschen weiterhin in Betracht ziehen, dann wird sich diese Annäherung nach Leib, Seele und Geist vollziehen. Geist und Seele erkennen und erproben sich. Das Körperliche zieht von selbst. Man wird sich bei der Umarmung spüren und die gegenseitige Erregung bemerken. Verlobte brauchen diesen Annäherungsprozess, der aber auch Grenzen kennt. Denn Verlobung ist noch keine endgültige Bindung, sondern eine gegenseitige Prüfungszeit, die eine Freigabe des andern durchaus beinhalten muss. Sind aber die seelischen Bindungen durch den Intimverkehr zu stark geworden, dann reicht die logische Erkenntnis nicht aus, um die Trennung zu vollziehen. Verlobte sollten sich darum der Trennungsmöglichkeit nicht berauben. Trennung ist Schmerz, aber ertragbar und nicht so einschneidend und verwundend wie vorgezogene Sexualität. Für ein normales Mädchen ist der Intimverkehr – ohne den Schutz der Ehe – fast immer eine nie heilende Wunde. Darum sollte der Akt, der auch einem Kinde das Leben schenken könnte, der Ehe vorbehalten bleiben.

Die Vorwegnahme des ehelichen Erlebens

Das ist kein aktuelles Problem, sondern eine Situation unserer Zeit, in der es üblich ist, geschlechtliche Begegnungen nicht nur zu tolerieren, sondern auch zu fördern. Geschlechtsbeziehungen sind gang und gäbe, im außerehelichen Bereich wie in der vorehelichen Zeit. Früher war es die Furcht vor ungewollter Schwangerschaft oder vor schwer heilbaren Geschlechtskrankheiten, die den Trend zur Intimität zurückdrängte. Die Pille, die Spirale und andere Verhütungsmittel, ferner Antibiotika bei Erkrankungen nahmen die Furcht. Mit einem Kind und einer Ansteckung muss man heute kaum rechnen. Wenn doch, dann sind diese Pannen verhältnismäßig schnell zu reparieren. Ruiniert wird niemand mehr, und so wagt man alles. Für Partys und Feten ist man gerüstet, gesellschaftlich wird alles toleriert. Ob verheiratet oder nicht, die sturmfreie Bude findet man zu Hause oder im Hotel. Doch die eigentlichen Probleme sind damit wohl noch nicht erfasst. Die frühen intimen Bindungen junger, unerfahrener und unreifer Menschen sind nicht nur beglückend, sondern lösen nicht selten auch Enttäuschungen und Traurigkeit aus. Diese Reaktion ist psychologisch bedingt und verständlich. Hierbei ist die unterschiedliche erotisch-sexuell Veranlagung bei Mann und Frau zu beachten. Beim Mann ist die sexuelle Reaktion schnell vorhanden, beim Mädchen bedarf es des Erwachens, eines Gewecktwerdens. Hier geht es um den wachstümlichen Prozess des Frauwerdens. Sexualität hat bei der Frau zu reifen in einem Werdegang, der nicht zu krass eingeleitet werden darf. Schockwirkung in dieser Beziehung kann durchaus eine gewisse Gefühlszurückhaltung zur Folge haben. Der Prozess des sexuellen Reifwerdens bedingt eine längere Zeitspanne und ist vorehelich kaum umfassend möglich. Die Zeit, die Geborgenheit, die Ruhe, das absolute Vertrauen sind in dem notwendigen Rahmen noch nicht vorhanden. Es gibt also bestimmte Ordnungsstrukturen im sexuellen Bereich, die ohne die Gefahr der seelischen Verkümmerung nicht übergangen werden dürfen. Eine Verfrühung des Intimverkehrs gefährdet die Identitätsfindung des jungen Menschen und seine charakterliche Ausreifung. Eine verfrühte Sexualbetätigung beschwört innerseelische Konflikte, die eine gesunde Integration des Sexualtriebes in die Psyche behindern und neurotische Fehlentwicklungen begünstigen. Beispiele sind Abscheu vor allem Sexuellen, Ekelgefühle und Übelkeit bei geschlechtlichen Begegnungen, usw.

Mit Akzeleration bezeichnet man, dass heute junge Menschen körperlich eher reif werden als in früheren Zeiten. Einerseits sind unsere Jungen und Mädchen körperlich schon sehr bald ausgewachsen. Andererseits benötigt aber die soziale Reife einen längeren Prozess, da die Ausbildung in Schule und Beruf umfassender und langwieriger geworden ist. Es wird ein längerer Lernprozess benötigt, um sich in unserer komplizierten Welt zurechtzufinden. Erst dann wird man lebens- und berufsfähig. Sollen junge Leute bis dahin auf sexuelle Kontakte verzichten, obwohl doch Zeitschriften, Film und Fernsehen eine Flut von sexuellen Reizen liefern?

Auf Illustriertenpapier und in Schulbüchern wird jungen Menschen das Recht auf Liebe und Glück nahe gebracht und schmackhaft gemacht. Wie schlimm und ungerecht erscheint es jungen Leuten, hierauf eventuell fünf bis zehn Jahre warten zu müssen! Es gilt doch als normal, wenn ein junger Mensch frühe sexuelle Kontakte knüpft. Er könnte doch, so wird ihm suggeriert, gehemmt werden und Angst bekommen, in der Liebe zu versagen. Ist es nicht geradezu töricht, in jungen Jahren die Reize nicht auszukosten und die Wirkung auf das andere Geschlecht ruhen zu lassen? Ist die Jugendzeit nicht Experimentierzeit? Nach allem Augenschein bietet ja auch die heutige Ehe kein dauerhaftes Glück. Das sehen junge Leute und suchen nach alternativen Wegen, um intime Beziehungen schon sehr früh einzuüben.

Während man sich jahrelang auf einen Beruf mit intensiver Ausbildung spezialisert, wird bei der Ehe, die doch lebenslang dauern soll, zu vorschnell gehandelt. Wäre da nicht eine »Einübungszeit« vor der Hochzeit anzuraten? Kommt es nicht darauf an, dass beide lernen, sich aufeinander einzustellen? Lernt man dabei nicht die sexuelle Harmonie?

Aus medizinischer Sicht ist die biologische Anpassung der Partner kein Problem. Da gibt es nichts auszuprobieren. Es gibt aber Versuche, sich einem einmaligen Test zu unterziehen, bei dem die

Orgasmusfähigkeit herausgefunden werden soll. Ob das wirklich gelingt, ist fraglich, denn die notwendige Ruhe, Entspanntheit, Ungestörtheit und Geborgenheit fehlen sicher. Moderne Sexualpädagogen empfehlen stattdessen einen längeren Zeitraum des Zusammenlebens, in dem die Ehe erprobt und sexuelle Liebesspiele immer wieder variiert werden können, bis man meint, dass die Partner zusammenpassen. Dann erst sollte diese Gemeinschaft legalisiert werden.

Aber eine Vorwegnahme der ehelichen Sexualität kann weder die Ehetauglichkeit noch das Zueinanderpassen beweisen. Eine eheähnliche Erprobung der Partnerschaft ist nicht möglich, da die Situation vor der Ehe durch andere Voraussetzungen gekennzeichnet ist als die in der Ehe. Schon von den äußeren Einschränkungen her und der nicht immer angemessenen Umgebung sind die Bedingungen für Zärtlichkeiten meist ungünstig. Sich seelisch aufzuschließen fällt besonders dem Mädchen in solch einer Lage schwer und lässt Wärme und Entspannung für ein erfüllendes Erlebnis kaum aufkommen. Die Probleme und Belastungen, die sich im Eheallltag mit Kindern einstellen, sind vorher nicht testbar. Und was den intimen Bereich angeht, so bedarf es selbst in der Ehe eines langen und geduldigen Bemühens von beiden Seiten, um eine körperliche und seelische Übereinstimmung zu erreichen.

Sexuelle Experimente vor der Ehe sind keinerlei Hilfe in der Ehe, da jeder Mensch wieder ganz anders und ganz neu ist. Ein körperlich und seelisch gesundes Paar braucht keine sexuellen Wegbereiter vor der Ehe. Jedenfalls haben wissenschaftliche Befragungen, die von seelsorgerlichen Beobachtungen bestätigt werden, ergeben, dass Menschen, die vor der Ehe häufiger den Partner wechselten, das dann auch in der Ehe praktizierten. Es ist auch nicht so, dass eventuelle Komplikationen in der Ehe vermieden werden könnten durch voreheliche Kenntnisse und Erkenntnisse. Die Geburt, der Tod und die Ehe haben eines gemeinsam: Man kann sie vorher nicht erproben.

Die ungeheure Zahl von Abtreibungen in der Bundesrepublik macht deutlich, dass das unerwünschte Kind trotz aller Verhütungsmittel und Aufklärungsaktionen weiterhin möglich ist. Schwangerschaftsabbrüche im Teenageralter sind nicht selten. Schon Dreizehn- und Vierzehnjährige, die selbst noch Kinder sind, werden unerwünscht schwanger. Ein Großteil aller Frühehen wird nur geschlossen, weil ein Kind unterwegs ist. Hier spielen die Spontaneität und letztlich ein unrationelles Handeln eine Rolle. Die Beziehungen unterliegen nicht der Kontrolle und der Überlegung; hinzu kommt in vielen Fällen Unwissenheit. Erschwerend für junge Menschen ist, dass durch eine vorzeitige Schwangerschaft eine später kaum zu überwindende Abneigung gegen das gemeinsame Kind entwickelt werden kann. Übereilte Bindungen entsprechen nicht den tieferen seelischen Bedürfnissen des Mädchens. Auch neigen junge Frauen dazu, mehr oder weniger bewusste Täuschungsmanöver anzustellen, weil sie den Mann mit dem Hinweis auf das Kind zur Heirat drängen möchten. Der Mann fühlt sich dann geprellt und kann für das Kind keine Liebe empfinden, um dessentwillen er heiraten musste. Für ein Mädchen mit einem vorehelichen Kind ist die weitere Partnerwahl häufig eingeschränkt. Oft muss die junge Mutter das Kind hergeben. Diese Trennungen können jahrzehntelange Schäden zurücklassen. Aus Verantwortung für das Kind sollte eine zu frühe Schwangerschaft vermieden werden.

Ernsthafte Hindernisse für einen Triebverzicht in jungen Jahren gibt es nicht. Verzicht ist auch in der Ehe nicht auszuklammern, sondern wird zeitweilig gefordert sein. Krankheit, Beruf und Reisen zwingen dazu. Enthaltsamkeit ist weder eine Schande noch krankhaft. Sexuelle Energie kann umgewandelt werden in seelische, soziale und geistige Energie, so wie auch aus Elektrizität Wärme, Licht und Kraft entstehen. Nur so wird sie für uns wertvoll. Sexualität ist mehr als bloßer Hormondruck. Sich in Selbstdisziplin einzuüben ist ein guter Vorgang, den wir auch auf anderen Lebensgebieten brauchen.

Wenn eine zu frühe Fixierung auf sexuelle Vorgänge stattfindet, bleiben kein Spielraum und keine Lust für andere Formen des Erfahrungsaustausches. Es bereichert aber ungemein, wenn gemeinsame Interessen wahrgenommen werden. Eine Partnerschaft beschränkt sich letztlich nicht auf den Geschlechtsverkehr, sondern auf geistige, geistliche, künstlerische, gesellschaftliche und praktische Fakten. Wenn Sigmund Freud recht hat, dann ist Triebverzicht überhaupt eine Voraussetzung für die Kultur.

Sexuelle Lust ist nicht Liebe. Lieben lernen heißt nicht, Lust zu erproben. Einzuüben ist die Achtung voreinander, die Fürsorge füreinander und die Bereitschaft zum Verzeihen. Auf diese Weise entstehen Beziehungen, die der Wirklichkeit standzuhalten vermögen. Ohne intime Beziehungen stehen jedem jungen Partner vor der Ehe objektivere Möglichkeiten zur Verfügung, Lebenserfahrungen allgemeiner Art zu sammeln, um den andern nach seinem Wesen und seiner Eignung als Ehegefährten einschätzen zu können. Ein kurzer Rausch und ein flüchtiges Abenteuer stören den Lernprozess. Nicht zuletzt: Enthaltsamkeit vor der Ehe erleichtert die Treue in der Ehe. Ausschlaggebend wird nicht die körperliche, sondern die seelische Liebesfähigkeit sein.

Zu einer Partnerbeziehung gehören Leib, Seele und Geist. Aber kann man sich in allen Bereichen rechtzeitig vorbereiten? Sicher nicht. Um sich genau auszukennen, bedarf es eines langen Lernprozesses. Verantwortung und Rücksichtnahme werden nur über Zurückhaltung möglich sein. Welcher Mann, der seine Partnerin liebt, möchte schon, dass sie seinem Drängen nach sexueller Befriedigung nachgibt, wenn sie selbst es noch nicht möchte, sei es aus Angst vor einer ungewollten Schwangerschaft oder weil sie aus innerer Unsicherheit oder berechtigtem Zögern diese Gedanken noch zurückstellt. Hier gilt es, behutsam vorzugehen und nicht mit den Worten zu drängen: »Wenn du nicht willst, liebst du mich nicht.« Dies zerstört die Beziehung. Die umfassende, echte Partnerschaft gehört an die erste Stelle, und alles andere sollte zurückgestellt sein. Darüber hinaus führt das unvermeidliche Verhüten einer Schwangerschaft zu einem Überdruss den Verhütungsmitteln gegenüber und vielleicht auch zu einer grundsätzlichen Abneigung gegen jeglichen Kinderwunsch.

Eine Partnererprobung ist grundsätzlich unmöglich und unmenschlich. Partner können nicht ausprobiert werden wie ein neues Auto oder wie ein Gerät, bevor man es kauft. Aber ist es im Leben nicht oft wie mit einem neuen Wagen? Zuerst ist man stolz, wenn man ein neues Modell erstanden hat, und führt es überall vor. Aber nach einiger Zeit, wenn ein paar Schrammen im Lack sind und Rost ansetzt, es inzwischen auch bessere Modelle gibt, versucht man, den Wagen wieder loszuwerden. So geht es von einem zum andern. Warum ist das so? Einmal liegt es an der Idee der Gleichberechtigung, die in unserer Gesellschaft durchgesetzt wurde; zum anderen sind es vor allem die Männer, die die Abwechslung lieben. Meist ist der eine treu, und der andere, der die Sache von Anfang an nicht so ernst nahm, verliert allmählich die Lust am Gefährten. Eine Beziehung kann nur wachsen in vielen Gesprächen und Übereinstimmungen. Allein auf sexuellem Gebiet kann eine Partnerschaft oder Ehe nicht aufgebaut werden.

Durch einen einmaligen oder auch mehrmaligen Test kann also nicht erfahren werden, ob beide Partner seelisch oder körperlich zueinander passen. Die Erprobung sexueller Harmonie bedarf einer längeren Phase des ehelichen Zusammenlebens. Manchmal dauert es Monate, nicht selten sogar Jahre geduldiger Bemühungen, bis beide Partner zur Ruhe und Beglückung kommen. Es ist ebenfalls ein langer Weg, bevor die seelische Übereinstimmung erreicht wird. Ehepaare gehen fehl in der Annahme, wenn sie meinen, nach anfänglichen Schwierigkeiten überhaupt nicht zusammenfinden zu können. Zu schnell und voreilig kommt es dann zur Trennung. Zwei Menschen, die sich lieben, sollten nicht aufhören, an ihrer Partnerschaft zu feilen; denn Fehlendes kann sich immer noch einstellen. Beide dürfen in ihren Bemühungen nicht nachlassen.

Man irrt, wenn man meint, Enthaltsamkeit sei Verdrängung oder Verkrampfung und führe gar zu Neurosen. Es müssten ja dann alle Schwestern unserer Diakonissenhäuser verklemmt und gehemmt sein, ebenfalls alle bewusst enthaltsam Lebenden. Im Gegenteil! Beobachtungen haben gezeigt, dass durch den immer stärkeren Drang nach unpersönlicher Sexualität (Sex- und Pornowelle) Impotenz und Frigidität, also sexuelle Störungen, zugenommen haben. Ein immer höherer Leistungsdruck entsteht. Nicht selten wird der Partner als Gegenstand angesehen, den man kurz gebraucht und vernascht. Mit einer Liebesbeziehung hat das gar nichts mehr zu tun. Im Grunde genommen aber suchen doch alle Menschen einen Partner, dem sie sich öffnen können und der sich ihnen aufschließt. Doch dieser Wunsch bleibt bei einer libertinistischen Einstellung unerfüllt. Hieraus entstehen dann Schwankungen im seelisch-körperlichen Gleichgewicht. Diese Krankheitserscheinungen sind die gleichen, wie man sie von den Neurosen her kennt, die gelegentlich durch unnatürliche Verdrängung entstehen können. Der Weg des Menschen verläuft geordneter, wenn der vorgegebene Schöpfungsrahmen akzeptiert wird; denn Sexualität soll gemeistert und umgesetzt werden in andere Energien. Der Mensch muss Herr seiner Triebe sein und nicht umgekehrt. Hier könnte man Goethe zitieren: »Das Tier wird durch seine Organe belehrt, der Mensch belehrt seine Organe.« Außerdem unterscheidet sich der Mensch vom Tier, indem er sein Leben nicht nur lebt, sondern es auch führen sollte.

Sexualität umfasst zwar die ganze Persönlichkeit, muss aber gesteuert werden und bedarf der verantwortungsvollen Lenkung. Sie darf den Menschen nicht überwuchern. Beide Partner sollten sich einig sein in ihrer verantwortungsvollen Aufgabe, die sie sich gestellt haben. Dazu benötigen sie viel Geduld; denn die Liebe ist zu wichtig, als dass man sie ohne vorherige Überlegungen genießen sollte.

Der Arzt Dr. Bovet sagt: »Man kann die eheliche Harmonie zweier Partner durch voreheliche Beziehungen ebensowenig ausprobieren, wie man das Funktionieren eines Fallschirmes durch das Abspringen von einem Hausdach zu testen vermag. Kurze Absprünge enden meist tödlich.«

Disziplin vor der Ehe ist noch keine Garantie für eine gute Ehe, aber ein nötiges Maß an Vorleistung. Leibesgemeinschaft, Liebesgemeinschaft und Lebensgemeinschaft sind aufeinander angewiesen und müssen gemeinsam vorhanden sein. Mann und Frau reagieren unterschiedlich. Den Mann spricht eher das Körperlich-Erotische an, während das Denken der Frau auf den Charakter, das Verständnis und die Fähigkeiten des anderen gerichtet ist. Den Mann interessiert die Attraktivität, die Frau der Fleiß, die Treue und die Zuverlässigkeit. Aber auch sie kommt ohne Häuslichkeit und Mütterlichkeit, ohne Sorgfalt und Phantasiereichtum nicht aus. Beide haben die Aufgabe, ihre unterschiedlichen Empfindungen abzudecken. Sie haben einander nötig, werden voneinander lernen und haben sich auch die gegenseitige Freiheit zu lassen und für Distanz zu sorgen, bis eine endgültige Bindung eingetreten ist. Die Bindung braucht dann Unbegrenztheit an Raum und Zeit. Krisen entstehen durch Furcht vor Untreue, vor Entdecktwerden oder einer vorzeitigen Schwangerschaft. Notvolles hinterlässt immer unwiderrufliche Eindrücke im seelischen Gefüge des Menschen.

Falscher Weichenstellung vorbeugen

Der Sex und die Fehlentscheidung

Alle Welt redet von Sex, und manch ein Bahnhofsviertel oder bestimmte Stadtgebiete scheinen aus den Nähten zu platzen vor Sex. Der Sex beginnt so zu dominieren, dass man ihn häufig mit Liebe oder Sexualität gleichsetzt. Dabei hat Sex mit Liebe sowenig oder soviel zu tun wie etwa das Element Helium mit einem Sonnenaufgang. Sex ist auch nicht dasselbe wie Sexualität, ist höchstens eine technische Abkürzung für Sexualität, die man ihrer wesentlichen Qualität beraubt hat. Wir spüren, dass da etwas nicht stimmt. Man hat uns die verhängnisvolle Verwechslung von Sex und Sexualität aufgezwungen.

Sexualität ist mehr als Sex. Sexualität ist ein Grundelement unseres Lebens. Sie drückt sich am deutlichsten in der Tatsache aus, dass es keine Menschen, sondern nur Männer und Frauen, Jungen und Mädchen gibt. Auch Kinder haben übrigens schon Sexualität, selbst wenn sie sich anders ausdrückt als beim Erwachsenen. Die Sexualität, wohl die mächtigste Naturkraft, die der Mensch hat, äußert sich auf sehr verschiedene Weise. Die Freude am Leben, die Lust, ein Werk zu schaffen, das Bedürfnis, anderen Menschen nahe zu sein – das alles ist letzten Endes ein Ergebnis dieser Kraft, die allerdings in der Beziehung, und zwar in der Anziehung von Mann und Frau, am intensivsten erlebt wird. Dabei ist Sexualität noch nicht die Liebe eines bestimmten Mannes zu einer bestimmten Frau, sondern der mächtige Magnetismus, der zwischen den Geschlechtern wirkt, der den Mann zur Frau und die Frau unwiderstehlich zum Mann zieht. »Wohltätig ist des Feuers Macht, wenn sie der Mensch bezähmt, bewacht, und was er bildet, was er schafft, das dankt er dieser Himmelskraft. Doch furchtbar wird die Himmelskraft, wenn sie der Fessel sich entrafft«, heißt es in Schillers »Glocke« vom Feuer. Man kann das gut auf die Sexualität übertragen. Sie kann zur furchtbaren Dämonie, zur wilden Urmacht, zur chaotischen Anarchie werden, »wenn sie der Fessel sich entrafft.« Und sie kann wohltätig sein, »wenn sie der Mensch bezähmt, bewacht.« Das geschieht in der Ehe, die deshalb eine der wichtigsten Institutionen in der zivilisierten Gesellschaft ist.

Die Sexualität kann allerdings auch Ehen zerstören, wenn sie das Hauptmotiv bei der Partnerwahl ausmacht.

Heinz und Inge haben sich bei einem Tanzabend in einem etwas dämmrigen Lokal kennengelernt. Inge hatte es für den Abend auf etwas Unbestimmtes angelegt und sich aufreizend geschminkt. Lidschatten aufgelegt, die Wimpern stark getuscht, ihren kürzesten Rock und ihren engsten Pulli angezogen und das ganze Naschwerk mit einem aufdringlich süßen Parfüm übersprüht. Wer eine Nase und Augen im Kopf hatte und nicht ganz aus Holz war, dem mussten die Nasenflügel zittern und der Puls schneller gehen. Und so ging es Heinz. Er hatte sie in dem trüben Licht bald mit jener instinktiven Sicherheit herausgespürt, die dem Liebeshungrigen untrüglich die zum Ziele führende Fährte weist. So wie der Hund die Spur der Hündin schnuppert, so ist auch diese Fährte mit unterschwelligen und fast unmerklichen Zeichen für Nase, Auge und Ohr besetzt, die jene glimmende Skala von Reizen ausmachen, die uns unterhalb der Schwelle des Bewusstseins in den sexuellen Zonen erregen. Nach einigen aufregenden Tänzen bei heißer Musik war es zwischen Heinz und Inge zu einem fast unausweichlichen Abenteuer gekommen. Man traf sich dann wieder und wieder, wenn auch nur zu einem bestimmten Zweck. Schließlich waren beide so voneinander abhängig, ohne dass sie sich als Menschen näher kennengelernt hatten – außer den Vornamen –, dass sie möglichst rasch aus den unbequemen Gelegenheiten ins wärmere, sichere Ehebett überwechseln wollten. Und ehe sie sich's versahen, waren sie Mann und Frau und mussten nun außer den erotischen Bezirken auch die anderen Bereiche ihrer Persönlichkeit miteinander teilen. Aber das gelang ihnen nicht. Sie kannten sich zu wenig und waren völlig verschiedene Menschen. Inge hatte eine kaufmännische Lehre abgebrochen und seitdem keine rechte Lust zum Arbeiten mehr, auch sonst keine Interessen. Heinz war zwar auch ein temperamentvoller, ja fast triebhafter Mensch, aber daneben doch ehrgeizig im Beruf, außerordentlich arbeitsam, leistungsfähig, vielseitig interessiert, sportlich und entschlossen, weiterzukommen. Nach kürzester Zeit hatte er Inge satt, denn für beide sah das Leben plötzlich schal und trübe aus, weil sie sich außer dem puren Sex nichts zu geben und nichts zu sagen gelernt hatten. Sie lebten sich auseinander, und als Heinz eine tüchtige, intelligente Kollegin kennen lernte und sich ebenso leidenschaftlich in sie verliebte, gab es daheim einige Wochen lang Streit und Tränen. Aber schließlich einigte man sich auf die Trennung, die um so leichter fiel, weil zum Glück noch kein Kind da war. Für Inge ging der Weg nun Schritt für Schritt abwärts.

So kann die Sexualität, wenn sie zum ausschließlichen Motiv der Ehe wird, diese Ehe zerstören. Wenn aber in Wirklichkeit die Liebe zur Person das stärkste Grundmotiv in der bewegten Melodie gegenseitiger Begegnung wird, kann die Sexualität der kraftvolle Grundakkord sein, der die Ehepartner aufs stärkste aneinander bindet. Sexualität bringt nicht zwangsläufig Liebe hervor, aber sie liefert doch der Liebe ihre Energie und verhindert, dass diese nur eine blasse Angelegenheit ist. Sie soll vital, temperamentvoll und stark sein; das ist sie in der Verschmelzung von geistiger, seelischer und körperlicher Kraft.

Während sich in einer guten Ehe viele Schwierigkeiten in intimer Vertraulichkeit von selber lösen, entstehen sie in einer sexuell gestörten erst dort. Man wundert sich, dass man sich unentwegt an Kleinigkeiten des Alltags aufreibt, bei einem geringen Anlass in hässlichen Streitszenen endet, und ahnt nicht, dass dahinter der Hunger nach umfassender körperlich-seelischer Zärtlichkeit und sexueller Harmonie steht. Viele meinen, diese Harmonie sei eben da oder sie sei nicht da. Man müsse sie vor der Ehe probieren, um nicht die Katze im Sack zu kaufen. Diese Vorstellung ist aber falsch. Man kann sie vor der Ehe nicht probieren, weil sie sich erst allmählich, meist in monate-, oft jahrelangem gemeinsamem Bemühen bildet. Die Liebe, auch die sexuelle Liebe, muss man lernen und dazu alles versuchen, was nur möglich ist. Ehe ist Arbeit und Anstrengung, in diesem Sinne nicht Vergnügen. Liebe ist lernfähig. Man braucht Geduld miteinander, benötigt Gemeinsamkeit – trotz vieler Enttäuschungen. Man wird aufs Neue werben, nicht resignieren. Eine Beratungsstelle oder ein gutes Ehebuch wird dieses Bemühen unterstützen. Aber niemals darf man es unwichtig nehmen oder irgendwann einstellen. Das würde den Tod der Ehe, das Ende aller stärkeren Empfindungen, das Versanden der Vitalität und der Lebenskraft mit sich bringen. Niemand kann das wünschen. Wenn nur ein Teil aufgibt, dann kann die Folge sein, dass der andere sich anderswo entschädigt und nach dem vorenthaltenen Liebesglück zu suchen beginnt.

Erwachsene und gestandene Eheleute sollen auch nicht meinen, das sei etwas für Teenager. Nein, die volle Geschlechtlichkeit ist etwas für reife Erwachsene. Und je höher unsere Lebenserwartung, das Maß unserer Freizeit, unsere persönliche Reifung und unsere Ansprüche werden, um so wichtiger ist es, auch das starke Band sexueller Beziehung in der Ehe lange zu erhalten. Wir wissen heute, dass das rein Körperliche bis ins hohe Alter, ja höchste Alter möglich ist. Wir wissen, dass Siebzig- bis Achtzigjährige noch ein normales und regelmäßiges Geschlechtsleben haben und dies für ihre Jungerhaltung sogar wichtig ist. Die Meinung, mit den Wechseljahren habe die Sexualität ihren Sinn verloren, ist irrig und führt zu vorzeitigem Altern. Schämen wir uns dieser mächtigsten aller menschlichen Kräfte nicht, die der Schöpfer sich nicht geschämt hat zu erschaffen! Sorgen wir, dass sie nicht – obwohl die Gefahr heute groß ist – in Wildwuchs übergeht, sondern dass sie gezähmt wird durch die alles umschließende und nichts Trennendes duldende Liebe zweier Menschen in der Ehe, der sie ihre ganze beglückende und bindende Kraft schenkt.

Ist Schönheit das große Glück?

Rilke schreibt in seiner ersten Duineser Elegie: »Das Schöne ist nur der schreckliche Anfang.« Die eheberaterische Erfahrung bestätigt das in einem ganz anderen Sinne. Schöne Frauen und Männer, gibt es die überhaupt? Und wenn, dann sind sie rar und in der Ehe oft unglücklich, wie uns das Beispiel von Karin zeigt.

Man kann sie wirklich als eine Schönheit bezeichnen, wenn man darunter ein ebenmäßiges Gesicht, strahlende Augen, volles, langes Haar, eine makellose Figur und ein gepflegtes Äußeres versteht. Und doch ist Karin unglücklich. Sie erzählt: »Ich hatte noch nie Schwierigkeiten, Kontakt zu anderen Menschen aufzunehmen, sei es früher als Kind zu meinen Freundinnen oder später, wenn es sich um Verehrer handelte. Ja, sie liefen mir nach, wollten mich ausführen und mich sogar heiraten. Bei meinem Chef hatte ich einen Stein im Brett, denn auch er hatte ein Auge auf mich geworfen. Ich erteilte allen eine Abfuhr. Nur einem Kollegen aus unserem Betrieb konnte ich nicht widerstehen. Er gefiel mir so gut, dass ich, ohne ihn näher zu kennen, spontan ja sagte, als er mir einen Heiratsantrag machte. Schon zwei Monate später war ich seine Frau. Bereits nach kurzer Zeit hatte ich das Gefühl, alles würde über mir zusammenbrechen, denn der Ehealltag forderte sein Recht. Eben noch genoss ich meine unbeschwerte Jugend; jetzt war ich Ehefrau, die der Doppelbelastung durch Beruf und Haushalt nicht gewachsen war. Als sich Nachwuchs anmeldete, war ich froh, als mir mein Mann vorschlug, nur noch Hausfrau und Mutter zu sein. Inzwischen haben wir zwei weitere Kinder bekommen, und ich bin so ausgelastet, dass ich kaum noch Lust verspüre auszugehen. In letzter Zeit hat mein Mann das Interesse an mir verloren. Er interessiert sich anscheinend nur für junge Frauen, denn schon seit über einem Jahr hat er sich einer ganz jungen Kollegin zugewandt. Zu dem kommt noch, dass ich keinen Kontakt mehr zu meinen Freundinnen von früher habe, ja sie meiden mich sogar. Dabei brauche ich gerade jetzt einen Menschen, mit dem ich mich einmal richtig aussprechen kann.«

Karin trifft das Schicksal besonders hart, weil sie vor ihrer Ehe einen ganz anderen Lebenswandel geführt hatte. Als junges Mädchen erlebte sie ihre Jugend sorglos und unbeschwert, ihr gutes Aussehen ließ sie die Sonnenseite des Lebens erleben. In einer solchen Zeit nimmt man es mit dem Beruf und dem Lernen nicht so wichtig; denn hübsche Mädchen haben es leichter, einen Mann zu finden, der ihnen ein finanziell unabhängiges Leben garantieren kann. Aber zu schnell können sie an einen Mann geraten, der sie ausnutzt, überall vorführen will, sie mit Schmuck behängt und als Aushängeschild betrachtet. Welch ein herrliches Gefühl ist es daher für Frauen, wenn sie sich mit einem Mann zeigen können, der Geld und Macht besitzt, sie stets schick kleidet und mit ihnen in feinste Restaurants geht! Welche Frau kann da widerstehen! In dieser Zeit voller Glück denken sie nicht daran, wie schnell dieser Traum zu Ende gehen kann.

Aber wie so oft möchten sich diese Männer, weil sie es sich finanziell leisten können, immer mit hübschen und jungen Frauen zeigen. Dann haben sie für die eigene Frau, die älter geworden ist, bald das Interesse verloren. Jetzt steht sie allein da, hat nichts gelernt oder keine Berufserfahrungen. Erst jetzt wird ihr klar, dass eine echte Partnerschaft und eine wahre Liebesbeziehung eigentlich gar nicht aufgebaut wurden. Beide haben aneinander vorbeigelebt. Eine Vorbereitung auf ein gemeinsames Leben und ein gemeinsames Ziel hatte nicht stattgefunden.

Hätte sich Karin ein wenig um die Geschäfte ihres Mannes gekümmert, so hätten beide jetzt noch einen kleinen Zusammenhalt. Aber auch darüber konnten sie sich nicht unterhalten. Wie sollte sie auch, hatte er ihr doch alle finanziellen Dinge abgenommen mit der Begründung, sie verstünde ja doch nichts davon. Schlagartig wird ihr klar, dass sie ihrem Leben eine Wende geben muss. Wenn die Kinder erst einmal aus dem Haus sind, dann hat sie niemanden mehr. Zur Umkehr ist es noch nicht zu spät. Sie könnte sich weiterbilden, um beruflich eine Chance zu bekommen und auf eigenen Füßen zu stehen. Sie ist um die bittere Erfahrung reicher, dass Schönheit vor der Ehe keine Garantie ist für ein sorgenfreies Leben.

Frauen, die dagegen unter ihrem Aussehen und unter ihrer Figur leiden, meistern das Leben oftmals besser. Sie finden meist keinen Mann, der sie verwöhnt und ihnen ein sorgloses Leben bietet. So sind sie es gewohnt, allein zu leben und dieses Leben zu schaffen mit seinen alltäglichen Sorgen und Problemen. Wenn Karin hart an sich arbeitet, dann wird sie ihre innere Ausgeglichenheit wiedererlangen. Das ist der schönste Lohn für ihre Bemühungen; denn wer innerlich heiter und gelöst ist, der hat etwas, was ihn ausfüllt und seinem Leben wieder Sinn gibt. Selbstmitleid hilft nicht.

Gutaussehenden Mädchen muss man vor der Ehe rechtzeitig vor Augen halten, dass diese Schönheit vergeht und dass wichtigere Dinge zu bedenken sind, wenn eine Partnerbeziehung gut verlaufen soll.

Wieviel Behinderung verträgt die Ehe?

Ein bekannter Journalist, ein unermüdlicher Anwalt der Behinderten und der Randgruppen, verblüffte seine Zuhörer einmal mit dem folgenden Bekenntnis: »Eine der schönsten Frauen, der ich je begegnet bin und die mich beeindruckt hat wie kaum jemand zuvor, ist eine Frau, der die Beine fehlen. Zudem hat sie nur zwei Armstümpfe, die bald unterhalb der Schultern enden« (DLF vom 2. 5. 1981). Er kalkuliert dann selbst ein, dass Leute ihn zumindest für merkwürdig, wenn nicht für pervers halten. Aber er weiß zu berichten, dass diese Frau nach großen Schwierigkeiten eine Ausstrahlung gewann. Zunächst aber wollte sie der Dorfpfarrer nicht einmal taufen, weil sie in der Klinik als Missgeburt bestaunt und in der Lokalzeitung als Kuriosität gefeiert wurde und nicht geringe Aufregung um dieses missgestaltete Baby im Dorf herrschte. Das Personal der Klinik konnte seine Gafflust im Blick auf das wundersame Wesen kaum zügeln. Der Professor würdigte das Kind als medizinisches Kuriosum und fotografierte es von allen Seiten. Später weigerte sich die Schule, das Kind aufzunehmen. Bekanntschaften hielt man fern mit der Begründung, dass sie ja keine richtige Frau sei. Jedoch fehlte es nach dem Erwachsenwerden nicht an Männern, die mit der Frau ohne Arme und Beine schlafen wollten. Sie waren aber nicht auf echte menschliche Beziehungen aus. Nach Meinung des Berichterstatters trieb sie nur der exotische Reiz, einmal mit einem so seltenen Frauenexemplar zu schlafen. Sie näherten sich ihr fasziniert wie einem Tabu. Dann lernte sie einen Mann kennen, der sie liebte und heiratete. War es der ausgefallene Reiz, oder war es eine Heirat aus Mitleid? Wieviel Behinderung verträgt die Ehe?

Das Fernsehen berichtete kürzlich in der Sendung *Kontakte* über die Ehe einer Querschnittsgelähmten. Seit einem Verkehrsunfall war sie an den Rollstuhl gefesselt – für immer! Im täglichen Leben ging es nicht ohne Unterstützung. Sie war zu waschen und zu schminken, man musste sie füttern und die sonstige Arbeit für sie erledigen. Das alles tat der Ehemann. Er stand zu ihr. Liebevolle Hilfestellung macht jede Krankheit erträglicher. Was hielt diese

Ehe zusammen? War es Liebe, Mitleid oder das gemeinsame Schicksal? Wie das Magazin *Kontakte* berichtete, zerbrechen neun von zehn Ehen, in denen ein Partner behindert ist. Man muss daher die Frage, wieviel Behinderung eine Ehe verträgt, ernsthaft bewegen.

Schon oft scheitern die ersten Beziehungen, weil die Motive des Kennenlernens nicht echter Liebe entspringen, sondern zwei gegensätzlichen Quellen, die Liebe nicht ersetzen können: In dem einen Fall ist es der exotische Reiz des behinderten und verstümmelten Menschenwesens, das dennoch lebt und sich fortbewegt. Im andern Fall sind es Mitleid und die Verpflichtung zur Barmherzigkeit, die Menschen in lebenslange Verantwortung für ein solches Wesen drängen.

Dass das erste Motiv für eine Ehe nicht ausreicht, wird jedem einleuchten. Für viele ist vielleicht schwer nachvollziehbar, wie es dazu kommt. Es muss ja auch nicht immer solch ein krasser Fall sein. Es gibt viele Unterschiede, Zwischenstufen und gemäßigte Behinderungen. Aber es scheint so zu sein, dass nicht nur das strahlend Schöne und Andersartige, also die hübsche Brasilianerin, das Mädchen aus Thailand oder Nigeria, den weißen Mitteleuropäer, von Konsum und Gewohnheit übersättigt, fasziniert, sondern auch die negative Abweichung, die Seltenheit durch Defizit, einen Reiz auf ihn ausübt. Allenfalls der Besucher klassischer Stätten kann nachfühlen, worin dieser Reiz bestehen mag, wenn er die armlose Venus von Milo vor Augen hat, bei der die Arme ihrer Schönheit eher im Wege gewesen wären. Auch das Haupt der Sphinx oder die zu Säulen erstarrten Karyatiden geben einen Anklang solcher Gefühle frei. Aber diese Gefühle sind ästhetischer Art, und es gibt nicht nur eine Ästhetik des Vollkommenen, sondern auch des Unvollkommenen, ja nach Karl-Heinz Bohrer sogar eine »Ästhetik des Schreckens«. Im Grunde ist dies ein ästhetisierender Missbrauch eines schweren Schicksals und kann nicht wirklich tragen. Doch muss man wissen, dass es so etwas gibt, damit nicht ein verantwortungsloser und schneller Missbrauch geschieht. Dafür ist jeder Mensch zu sehr Mensch und seine Würde zu schützen. Auch ein missgestalteter Mensch ist ein würdiger Mensch.

Häufiger und nachfühlbarer scheint das Mitleid zu sein, das Menschen angesichts eines jammervollen Daseins – wie sie jedenfalls meinen – ergreift und durch das sie sich als Beispiel und zur Verantwortung gerufen wissen. Immer wieder finden sich Menschen, die Behinderte, durch Querschnittslähmung oder Multiple Sklerose an den Rollstuhl Gefesselte begleiten und sich gleichsam unter Tränen in sie verlieben und an ihrer Seite bleiben. Niemand sollte das gering achten. Sicher vermag eine solche Beziehung auch wesentlich länger durchzuhalten als die ästhetisierende Motivation, die wir zuvor erwähnten. In diesem Mitleid steckt viel Barmherzigkeit und Agape, also selbstlose Liebe. Aber auch die scheinbar selbstlose Hingabe und Erwiderung, wie sie der gesunden erotischen Liebe innewohnt. Für ein lebenslanges Miteinander ist ein großes Maß an Gegenseitigkeit notwendig. Wirkliche Liebe hat zwar immer einen hohen Anteil an Selbstlosigkeit. Diese ernährt sich aber nicht von selbst, sondern bedarf des Zuspiels von der anderen Seite. Denn Egoismus ist natürlicherweise beim vitalen und gesunden Menschen eine der stärksten Kräfte. Verträglich und menschlich wirkt diese Kraft erst aufgrund gegenseitiger Liebe und Zuwendung. Auf der Ergänzungsfähigkeit auf allen Ebenen des Geistes, der Seele und des Körpers beruht die Haltbarkeit unserer Liebes- und Ehebeziehungen. So ist es vom Schöpfer gewollt: ein Verhältnis durch Ergänzung der Person und Persönlichkeit. Mitleid nötigt Respekt ab und verdient seinerseits wieder mitfühlende Teilnahme. Als Ehemotiv muss es Bedenken auslösen und ist in den meisten Fällen als Bindeglied zu schwach und brüchig.

Damit soll keinesfalls gesagt sein, dass nicht auch den Behinderten und Schwergeschädigten gegenüber echte, umfassende Liebe möglich ist. Sie wird aber nur Bestand haben, wenn der andere ergänzungsfähig ist, was durchaus in einer bestehenden Ehe tief verankert gegeben sein kann. Ausstrahlung und Liebreiz, menschliche Anziehungskraft und geistige und seelische Ursprünglichkeit können bei kranken und behinderten Menschen besonders eindrucksvoll vorhanden sein. Die Ehe ist darauf noch nicht einmal unbedingt angewiesen. Sie braucht nur, um sich zu nähren und am Leben zu bleiben, die Erwiderung, die Gegenseitigkeit und die Erfüllung. Ich denke an Ehepaare, die durch einen Verkehrsunfall zu Krüppeln wurden. Auch ohne eheliche Funktionen blieben sie ein vollgültiges Ehepaar. Ihre Zuneigung war nicht an die Voraussetzung der Normalität geknüpft, sondern an die gemeinsame Bestimmung an den gemeinsamen Lebensweg und an den gemeinsamen Glauben.

Der Respekt vor solch ungewöhnlichen Lebensschicksalen darf uns nicht zu einseitigen Urteilen verleiten, sollte uns aber zu einer nüchternen Bewertung helfen. Es ist nämlich ein Unterschied, ob man als Ehepartner das Schicksal der Behinderung auf sich nimmt oder ob man vor einer Ehe eine weitreichende Entscheidung zu treffen hat. Jeder Mensch hat das gleiche Lebensrecht und gewiss auch das gleiche Liebesrecht. Wenn sich Menschen zusammenfinden, haben wir diesen Weg zu bejahen und zu begleiten. Es wird aber in vielen Fällen ratsam sein, wenn der Betroffene von sich aus die Bereitschaft entwickelt, auf eine Ehe zu verzichten. Das Schicksal des Alleinseins ist dann für ihn nicht leicht, aber vielleicht der leichtere Weg. Denn wieviel Schmerz und wieviel Enttäuschung und Wunden entstehen, wenn eine gegenseitige Tragfähigkeit nicht gegeben ist und eine Trennung unausweichlich wird! Die späteren Spannungen, auch im Blick auf den Kinderwunsch und die Erziehung der Kinder, sind nicht voraussehbar und oft nicht erträglich. Daher ist der Weg des bewussten Alleinbleibens oft der gangbarere und aus Rücksicht auf den Partner der notwendigere.

Wenn die Statistik aussagt, dass neun Zehntel aller Ehen mit Behinderten scheitern und zerbrechen, dann sollte man rechtzeitig genug konsequent sein. Es bedarf einer besonderen inneren, göttlichen Führung, die nicht auf Gefühlen und Selbsttäuschung beruhen darf, will man solch einen ungewöhnlichen Schritt tun. Vermeintliche Liebe hält hier nicht durch. Die Pflichten und Aufgaben sind zu hart, um auf Romantik aufzubauen. Man sollte selbst göttliche Führung nicht eigenständig beurteilen, sondern eher einen Dritten zu Rate ziehen, der die Art der Behinderung gründlicher zu beurteilen weiß und auch objektiver zu raten vermag, ob eine Dauerbindung tragfähig wäre. Die Gefahr eines unerfüllbaren Wunschbildes liegt sonst zu nahe. In Wirklichkeit verträgt eine beginnende Ehe recht wenig Behinderung, zumindest dann nicht, wenn man meint, diese bewusst in Kauf nehmen zu können. Des Menschen Kraft ist klein und das Herz ein schwaches Ding. Man überschätze seine Standfestigkeit nicht und wiege sich nicht in Glaubensillusionen. Eine bestehende Ehe jedoch verträgt sehr viel

Behinderung, wenn das Geschehen im Laufe des Miteinanders eintritt, beide in Treue zueinander stehen und dieses Schicksal glaubend und vertrauend zu tragen versuchen.

Reifen und verloben

Junge Menschen werden heute früher mündig und sexuell eher reif. Deshalb gestattet ihnen die Gesellschaft einen zeitigeren und zwangloseren Kontakt miteinander. Wenn ein gestörtes Verhältnis zum Elternhaus besteht, dann suchen sich junge Leute um so früher. Sie fühlen sich allein gelassen, unverstanden und sind enttäuscht vom Verhalten der Erwachsenen. Vielfach sind aber die Erwartungen zu hoch und die jungen Partner überfordert. Aus Angst, den Partner zu verlieren, von dem man meist ein Übermaß an Verständnis erwartet, gehen viele Paare eine zu schnell und zu früh geschlossene Ehe ein. In manchen Fällen tragen auch die Gewohnheit und Bequemlichkeit oder der Erwartungsdruck der Gesellschaft zu dieser Entwicklung bei.

Wenngleich der Prozess der Reife heute früher einsetzt, bedarf es doch auch einer längeren Zeit bis zum Erwachsenwerden. Viele junge Menschen stecken noch zu tief in ihrer Entwicklung, wenn sie sich binden wollen. Das wird ihnen oft zu spät bewusst. Wachsende Konflikte kommen auf sie zu, zu deren Überwindung sie noch nicht fähig sind.

Die Verlobungszeit ist daher eine begrüßenswerte Zwischenphase, in der beide Partner Gemeinsamkeiten entdecken, entwickeln und ausbauen können. Wie herrlich ist es, Pläne für die ersten gemeinsamen Anschaffungen, die Möbel und den ersten Urlaub zu schmieden! Man will später Freunde einladen und sie bewirten. Es ist ganz wichtig für die geplante Ehe, dass beide lernen, ihre Interessen zu finden, sich mit dem Partner sachlich zu einigen und notfalls abzustimmen. Wenn sie schon jetzt erkennen, worauf es ankommt, werden weniger Probleme und Konflikte in der Ehe auf sie zukommen. Der Sinn der Verlobungszeit liegt darin, dass man sich entscheidend kennen lernt. Eine Verlobung ist noch keine Heirat. Eine eventuelle Lösung des Verhältnisses muss ohne tief gehende Wunden möglich sein. Jeder wird einen Partner gewählt haben, der anders ist als man selbst. Vier von fünf festen Partnerschaften entstehen so. Jeder bewegt sich in einer anderen Gruppe, Landschaft,

Bildungsschicht und Berufswelt. Wenn der berühmte Funke überspringt, dann muss es nicht unbedingt jemand aus der gleichen Gesellschaftsschicht sein, dem man sein Herz schenkt. Wir sagten aber schon, dass die Unterschiede nicht zu groß und unüberwindlich sein sollten. Das Miteinander-Reifen auf das gemeinsame Ziel hin wird hier zum Glück der Ehe beitragen.

Eine Ehe, die viele Ebenen hat, verläuft oftmals problemloser. Wir bedenken noch einmal die Gemeinsamkeiten: Herkunft, Alter, Schulbildung, Beruf und Freizeitinteressen, aber auch Konfession und politische Überzeugung. Wenn diese Gemeinsamkeiten nicht gegeben sind, sollten beide Partner versuchen, sinnvolle Ergänzungen zu suchen, die aber abgestimmt werden müssen. Vielleicht kann er gut reden, sie gut zuhören, sie ist geschickt im Umgang mit anderen Menschen, er organisiert schlecht oder ist sportlich aktiv, sie hat daran kein Interesse und sitzt lieber zu Hause mit einem guten Buch. Wenn sich beide lieben und zumindest etliche Gemeinsamkeiten haben, können Unterschiede ausgeglichen werden. Sonst zerstören zu starke Gegensätze die Partnerschaft und Ehe und führen dazu, dass der eine den andern unterdrückt und ausnutzt. Der aktivere Partner geht dann allein und lässt den anderen zurück, der gewandtere Redner lässt nicht zu Wort kommen und der bessere Organisator trickst den anderen aus.

Eine Zeit des gemeinsamen Reifens und Werdens ist von unschätzbarem Wert. Die Verlobungszeit ist dafür ein geeigneter Lebensabschnitt, in dem Gemeinsamkeiten gesucht und Problemursachen erkannt werden. Wenn es nicht gelingt, tief greifende Differenzen zu überwinden, sollten sich beide Partner zu einer rechtzeitigen Trennung entschließen; denn zu diesem Zeitpunkt sind die Folgen noch nicht so groß wie bei einer Scheidung der Ehe.

Marion und Oliver haben sich beim letzten Dorffest kennen gelernt und sofort ineinander verliebt. Dass sie sich Weihnachten heimlich verlobt haben, wissen nicht einmal die Eltern; denn Marion hat Angst vor ihrem Vater. Sie ist erst sechzehn und kennt ihren strengen Vater. Hinzu kommt, dass Oliver auch noch sehr jung ist, nämlich erst siebzehn, und die Schulbank drückt, während Marion im zweiten Lehrjahr als Floristin steht. Beide treffen sich, sooft es geht, aber niemand darf etwas merken. Soweit geht auch alles gut – bis sich Nachwuchs anmeldet. Beide sind sehr erschrocken. Das durfte nicht passieren! Was soll geschehen? Beiden wird klar, dass es so natürlich nicht weitergehen kann. Sie überlegen, was zu tun ist. Sollten sie ihren Eltern beichten oder niemand etwas sagen und das Kind abtreiben? Sollen sie zusammenbleiben oder auseinandergehen? Soll Oliver die Schule verlassen und damit das Abitur nicht erreichen? Wird er eine Arbeitsstelle erhalten, um Marion und das Kind zu ernähren?

Schließlich fassen sie den Entschluss, mit den Eltern über alles zu reden. Doch es kommt schlimmer, als beide befürchtet hatten. Die Eltern sind schockiert. Sie erlauben keineswegs die Heirat zwischen den beiden Minderjährigen. Sie trauen den jungen Leuten die Familienverantwortung noch nicht zu. Und besondere Hilfe kann aus Lage der Dinge nicht gewährt werden. Als Marion in Tränen ausbricht und für das ungeborene Kind keinen Rat weiß, zucken die Eltern mit den Schultern: »Das hättest du vorher überlegen sollen.« Aber was die Eltern um jeden Preis vermeiden wollten, tritt nun ein: Marion trennt sich nicht von Oliver, wie die Eltern befohlen hatten, sondern beide fühlen sich erst recht miteinander verbunden. Sie beschließen, ihren Lebensweg zu wagen. Doch so einfach, wie sie sich die Sache gedacht hatten, ist sie leider nicht.

Eine Verlobungszeit muss nach rechtlichem Gesichtspunkt einer Ehe nicht vorausgehen. Dennoch verbinden sich damit moralisch wichtige Folgen für die Brautleute. Das Verlöbnis dient auf der einen Seite der Vorbereitung auf die Ehe. Auf der anderen Seite ist es ein Versprechen, die Ehe miteinander eingehen zu wollen. Das ist wie ein persönlicher Vertrag, wenn auch besonderer Art. Und wie jede Vereinbarung die Partner in gewisser Weise verpflichtet, möglichst wortgetreu ein Versprechen einzuhalten, so muss auch der Verlobte, wenn er durch seine Verlobung versprochen hat, die Ehe einzugehen, diese Vereinbarung anstreben. Die Verlobung ist also schon ein bedeutsamer und ernster Schritt, der nicht schnellhändig, leichtfertig und schon gar nicht aus einer Laune heraus oder aus Jux getan werden sollte. Daher ist es empfehlenswert, ihn nicht heimlich zu tun, sondern seine Familie, seine Umwelt, seinen Jugendkreis, seine Gemeinschaft oder Gemeinde teilhaben zu lassen. In der christlichen Gemeinde oder dem entsprechenden Jugendkreis sollte daher die Verlobung zweier Menschen ein Fest sein mit einer kleinen, angemessenen

Feier. Solch ein Ereignis darf umrahmt werden von Frohsinn und Feierlichkeit, von Scherz und guter Laune, sollte aber auch Besinnung und Tiefgang haben.

In verschiedenen Landesteilen Deutschlands gab es bis zur Wende des achtzehnten Jahrhunderts sogar spezielle Verlobungsgottesdienste. Aus dem Jahr 1724 ist aus Lübeck eine sehr ausführliche Ordnung eines Verlobungsgottesdienstes bekannt. Bis zum Jahr 1882 hat die Herrnhuter Brüdergemeine diese feierliche Gepflogenheit in ihrem Liturgienbuch festgehalten. Aber auch in der Gegenwart sind in beiden christlichen Kirchen »die Elemente des Verlobungsgottesdienstes in das kirchliche Trauformular eingegangen«. Vor allem in der Jugendarbeit und im familiären Bereich sollten wir daher von dieser Möglichkeit mutiger Gebrauch machen und in einer frei gestalteten, schönen Feier einem verlobten Paar Freude bereiten. Man erschwert mit solch einem gesellschaftlich beachteten Ereignis jungen Menschen leichtfertige Fehlschritte.

Unserer Zeit fehlen heute die selbstverständlichsten Lebensordnungen. Eine Ehe ist immer noch die intensivste Form des gemeinsamen Lebens. Darum bedarf sie wirklich einer ernsthaften Vorbereitung. Die Verlobung ist eine wesentliche und unaufgebbare Voraussetzung für die spätere Gemeinsamkeit. Man sollte wissen, warum man eine Ehe eingeht, und nicht nur der Tradition oder Gewohnheit folgen, auch wenn man – selbst nach einer in welcher Form auch immer vorgeschalteten Verlobungszeit – die Ehe nicht »einklagen« kann.

In der Verlobungszeit sollte sich, so paradox es auch klingen mag, ein Doppeltes abspielen, das mit zwei Worten ausgedrückt werden kann: Nähe und Abstand. Natürlich will man sich nähern, und man muss sich auch näher kommen. Das aber nicht sexuell verstanden, sondern im weiten Bereich des Geistig-Seelischen. Man wird Vertrauen zueinander gewinnen und unnötige Hemmungen abbauen. Man lernt die Familien kennen und wird vertraut mit den Schattenseiten, die auf beiden Seiten vorhanden sind. Wenn die körperliche Anziehungskraft natürlicherweise immer stärker wird, werden beide mit größtem Feingefühl darauf achthaben, wo die Grenze liegt, damit die Körperlichkeit die seelische Bindung nicht überwuchert. Das Leibliche vermag sehr mächtig zu werden und kann den Zugang zur Seele blockieren.

Dann stimmt das Wort: »Weil sie nicht die Seele fanden, verloren sie ihren Leib.« Zärtlichkeiten in der Verlobungszeit sollten nur so weit gehen, dass ein Abbruch der Beziehungen noch möglich ist ohne dass Verletzungen entstehen. Sind die seelischen Bindungen durch den Intimverkehr zu stark geworden, dann ist eine Trennung für das Paar, besonders für das Mädchen, eine später fast nie heilende Wunde. »Ein Fleisch zu sein« bedingt mehr Verantwortung, als nur zwei Leiber aneinanderzufügen; denn auch das ungewollte Kind würde beider Leben belasten.

Man bedarf zweifellos des Abstandes. Nur wenn man sich trotz verbindender Liebe eine gewisse Objektivität erhält, wird man imstande sein, die Realität einzuschätzen, um die jetzige und künftige Position nüchtern zu beurteilen. Sonst wäre es ja auch keine Zeit des Prüfens und Abwägens, des Glaubens und Betens. Nähe und Abstand sind in dieser Phase ein Paar. Man wächst zusammen, aber man desillusioniert sich auch. Natürlich geschieht das nicht ohne gelegentliche Spannung bis hin zu möglichen Zerreißproben. Beide stehen unter Druck. Aber es ist wie bei einer Münze: Die Prägung des Endzustandes gedeiht nur unter Druck! Wie der Münze, so wird dem jungen Leben unter dem Druck der Verhältnisse Festigkeit und Antlitz gegeben. Man steht auf der Schwelle zwischen gestern und morgen.

Ehe beruht nicht auf sexueller Anziehungskraft, sondern darauf, dass Gott sie gestiftet hat und der Mensch dem Auftrag Gottes gehorsam wurde. Verlobung ist die Zeit der Reifung auf dieses Ziel hin und das beste Vorbeugungsmittel gegen eine spätere Ehescheidung. Während dieses Wachstumsprozesses verliert das Paar die Angst vor einer endgültigen Bindung, die Ehe verliert ihren Schockcharakter. Von Abstand und Nähe hängt auch hier ab, ob das Verhältnis der beiden Menschen Tiefgang bekommt oder an der Oberfläche bleibt. Es drückt sich in der Art des Zusammenseins aus und ab und zu auch darin, dass man nicht zusammen ist. Partnerschaft bedeutet, dass man einen Kampf mit sich selbst durchsteht. Bezwingt man sich, dann ist auch die Ehe kein allzu großes Risiko mehr. Man wurde reif. Beide brauchen das.

Die Verlobungszeit umfasst Verstehen, Verzeihen, Verwöhnen. Liebe, die den Partner mit allen seinen Fehlern und Schwächen akzeptiert, ihn als persönliche Ergänzung erkennt, die das Ich überschreitet und sich in dem Du erweitert, erlebt und findet. Solch eine Liebe kann man nicht von heute auf morgen geben oder empfangen. Diese Innigkeit der Gefühle braucht Zeit zum Wachsen und zum Blühen. Bloße Sehnsucht nach Geborgenheit und Sicherheit ist kein Maß, ebensowenig wie das Gefühl des Mitleids. Wer meint, ohne den andern nicht mehr leben zu können, offenbart eher ein Zeichen von Leere als von Liebe. Vielmehr geht es durch ein ständiges Ertasten, Erfühlen, Erkennen, durch viele Stufen der Entwicklung. Man sucht immer wieder die Nähe des andern. Die Sorge für die geliebte Person ist keine Last, eher Freude. Die Anziehungskraft wächst mit jedem Tag. Und wieder ist Abstand gefragt, denn hier beginnt irgendwo das Vorfeld der Ehe. Ein falsches Handeln vor der Ehe blockiert oftmals das richtige Handeln in der Ehe. Verlobungszeit ist daher nicht die Ehe vor der Ehe, auch keine Probeehe. Vielmehr geht es um eine Art Lebensgemeinschaft, ohne dass diese jetzt schon ganz vollzogen wird. Für den bewussten Christen sollte die Verlobung nicht eine Vorform der Ehe sein, sondern »ein Wartestand der Vorerfüllung« (H. Thielicke).

Das verlobte Paar, das sind zwei Menschen, die füreinander geschaffen sind, die füreinander da sind, die aneinander glauben, aufeinander hoffen, die einander Halt und Stütze sind, die sich einen gemeinsamen Lebensweg suchen wollen. Dieses Versprechen einer gemeinsamen Zukunft nennen wir Verlobung. Einer gelobt dem andern Treue und Zusammenhalt.

Die Verlobungszeit ist ein besonderer Lebensabschnitt mit eigenem Charakter, ist eine Stufe für sich mit einer Ordnung und eigenen Gesetzen. Mit der Heirat beginnt etwas Neues. Jetzt prüfen beide: Ist unsere Liebe stark genug? Werden wir es schaffen? Werden wir einander nicht mehr allein lassen? Wir benötigen einander in dieser oft unfreundlichen, manchmal recht aggressiven Welt. Das Unternehmen Ehe dauert meist lebenslang und bedarf deshalb einer sorgfältigen Prüfung in allen erdenklichen Richtungen.

Mit der Ehe geht man ein unwiderrufliches Bündnis ein. Doch auch eine gute Ehe ist nicht zu jeder Zeit eine problemlose Ehe. Aber das Wissen hilft: Gott hat uns zusammengebracht. Uns ist kein dummer Lapsus passiert. Wir haben darauf vertraut: »Gott hat dich mir gegeben; so segnet keine andere Hand!«

Verbindlichkeit und Verlässlichkeit sind wichtig

Ehe ohne Heirat – Angst vor der Bindung?

Häufig folgt dem ausgesprochenen oder unausgesprochenen Verlöbnis das Zusammenleben ohne Trauschein. Für viele ist es so etwas wie eine Ehe auf Probe, für andere stellt es die grundsätzliche Form des Miteinanders dar, da jede festere Form verdächtig erscheint. So leben immer mehr Paare in rechtlich unverbindlichen Lebensgemeinschaften zusammen. Ihre Zahl nimmt ständig zu. Sie soll heute bereits jeden vierten Erwachsenen betreffen. Aber auch immer mehr Jugendliche scheuen vor der endgültigen Bindung und vor der rechtlichen und kirchlichen Besiegelung ihres Verhältnisses zurück.

Ein junges Paar lernte sich auf einer geselligen Veranstaltung kennen. Eva, gerade siebzehn geworden, hatte noch ihre Lehre als Arzthelferin zu beenden. Fritz war zweiundzwanzig und als Geschäftsreisender tätig. Eva hätte es gerne gesehen, wenn Fritz und sie sofort geheiratet hätten. Doch Fritz schob diesen Gedanken beiseite, nachdem er eine enttäuschende Beziehung zu einer acht Jahre älteren Frau hinter sich hatte. Darum schlug er Eva vor, erst einmal zusammenzuziehen und eine Probeehe zu führen. »Wir kennen uns noch zu wenig, wissen nicht, ob wir in körperlicher, sexueller und seelischer Hinsicht zueinander passen. Heiraten können wir später immer noch«, meinte er. Eva akzeptierte diese Argumentation, auch wenn ihr nicht ganz wohl dabei war. Der Widerstand der Eltern war ihr gewiss. Dennoch meinte sie schon am Ziel ihrer Wünsche zu sein. Alles würde sich jetzt finden in einer Ehe auf Probe, die, wie sie glaubte, für beide das Beste zu sein schien.

Doch war sie es wirklich? Eine Erprobung des Partners ist im Grunde genommen fast unmöglich; auf jeden Fall stellt sie an beide außergewöhnliche Anforderungen. Kann man einen Partner erproben wie ein Auto oder wie eine Maschine, die man vorübergehend in Betrieb nimmt und nach Belieben ein- und ausschaltet wie einen Motor? Wenn das Objekt dann irgendwann nicht mehr funktioniert, die Reparatur zu teuer wird und sich nicht mehr lohnt, muss man es billig verkaufen oder wegwerfen. Aber das kann man mit einem Menschen wohl kaum machen. Vielleicht mag das etwas mechanisch überspitzt gesagt sein, aber ist es im Leben nicht auch so? Es gibt genug Gründe dafür: Zum einen ist es eine Abwertung des Mädchens, wenn es zahlreiche frühere intime Erfahrungen mit Männern hatte. Zum anderen sind es die Männer, die gerne mehrere Frauen ausprobieren möchten, bevor sie sich endgültig binden. Schließlich ist es die Emanzipationswelle, die eigenartige Früchte trägt.

Eine »Ehe ohne Heirat« ist gang und gäbe. Die Kritik an der Institution Ehe ist zum Dauerthema geworden. Zweifellos belastet man sich mit einer Hypothek, die vielleicht niemand mehr einlösen kann. Aber man folgt dem gesellschaftlich geförderten und modischen Trend, zu zweit zusammenzuziehen. Die Disko-Paare gehen sozusagen sang- und klanglos in eine Wohngemeinschaft zu zweit über. Nicht selten stehen gewisse Zwänge dahinter. Die Angst vor dem Verlust des Partners, der Erwartungsdruck der Umwelt, sicher auch Gewohnheit und Bequemlichkeit tragen zu dieser Entwicklung bei. Hinzu kommen die Unfertigkeit des eigenen Wesens, die Unausgereiftheit des Charakters, das Gefühl, zur Übernahme voller Verantwortung noch zu schwach oder nicht bereit zu sein und auch die vermeintlich schnellere Auflösbarkeit des Verhältnisses. Die jugendliche Meinung zu Understatement und Unfeierlichkeit fördert die Entscheidung gegen den gleichzeitigen Eintritt in den Stand der Ehe. Man mag nicht gern Feierlichkeit und Steifheit zelebrieren. Die leidige Verwandtschaft geht einem auf die Nerven, und die Peinlichkeiten formeller Protokolle bis hin zum Standesbeamten und dem dunklen Anzug vor dem Altar wirken abschreckend. Was früher innig herbeigesehnt wurde, wird heute heftig gefürchtet oder abgelehnt. So versucht man, die Dinge hinauszuschieben. Viele Paare heiraten erst, wenn ein Kind kommt und damit der Status der Familie unausweichlich besiegelt zu sein scheint. Viele wollen aber auch ihr Kind in der Unabhängigkeit bekommen. Frauen finden nichts dabei, es allein großzuziehen und den Vater sozusagen mit links mitlaufen und mitsorgen zu lassen.

Die Gründe für diese Entwicklung sind vielfältig und sicher

nicht mit einer Formel zu erfassen. Da ist einmal die reformierte Rechtslage. Dergleichen ist heute gesetzlich statthaft. Hinzu kommt das Scheidungsrecht, das für manche zu einer beruflichen Existenzbedrohung werden kann; denn die Belastung durch Unterhaltszahlung, Zugewinnausgleich, Vermögensteilung und Versorgungsausgleich – von den Anwalts- und Prozesskosten einmal ganz abgesehen – ist enorm hoch. Also heiratet man erst gar nicht. Viele Existenzen sind in den letzten Jahren daran zerbrochen, und junge Leute haben dies im Verwandten- und Bekanntenkreis, eventuell auch bei den eigenen Eltern anschaulich vorgeführt bekommen. Solche Beispiele sind abschreckend genug.

Die Erwachsenenwelt sollte sich ihrer Mitverantwortung für jugendliches Partnerverhalten stärker bewusst sein. Sie ist an der verbreiteten Ehescheu mit schuld. Hätte sie damals schon nach dem verantwortlichen Motto gehandelt: »Erst denken, dann heiraten«, wären viele Ehen nicht so leichtfertig und unbedacht zustande gekommen, müsste heute nicht so schnell und folgenreich geschieden werden.

Ein weiterer Grund ist die Labilität aller menschlichen Beziehungen in einer so labilen und mobilen Umwelt wie der, in der wir leben. In der – in dieser Beziehung noch existierenden – Wegwerfgesellschaft von heute werden ja nicht nur Plastiktüten und Joghurtbecher, Saftflaschen und Bierdosen nach Gebrauch und nach dem Prinzip »ex und hopp« fortgeworfen, auch menschliche Beziehungen unterliegen den Gesetzen des raschen Verbrauchs und des fortwerfenden Überflusses und Überdrusses. Schwangerschaften werden beendet, als ob es gelte, eben einen Schnupfen loszuwerden. Alte Menschen werden in Heime abgeschoben, wenn man ihre Leistungskraft nicht mehr brauchen kann. Und Partner verlassen den andern oder schicken ihn fort, wenn er den konsumgewohnten Befriedigungswünschen nicht mehr entspricht. Die Kurzlebigkeit moderner zwischenmenschlicher Beziehungen ist enorm. So hat man lange als scheinbar bessere Alternative die Kommunen und Wohngemeinschaften propagiert. Neuere Untersuchungen über die Lebensdauer solcher Gemeinschaften kommen zu dem desillusionierenden Ergebnis, dass diese im Durchschnitt etwa anderthalb Jahre betrug. Auch junge Ehen erreichen nach zwei bis drei Jahren bereits ihre höchsten Scheidungsziffern. Dass auf derartige Kurzlebigkeit, die wiederum mit der geringen nervlichen und seelischen Belastbarkeit des Menschen von heute zu tun hat, junge Leute mit Vorsicht reagieren, erscheint nur zu verständlich.

Fast zwangsläufig kommt die Angst, dem Anspruch des Partners nicht gerecht werden zu können. Es gibt ältere Paare, die an Bindung und Rücksichtnahme hohe Ansprüche stellten und darin ihre Identität fanden. Dagegen findet man neurotische Ehen, in denen Resignation, Hysterie oder endloser Streit vorherrschen. Natürlich gibt es auch eine Elterngeneration, die nur voller Verklemmungen und Halbheiten Ehe zu leben imstande ist. Solcher Verkrampfung gegenüber schleicht sich bei den Jungen leicht eine gewisse Angst vor der Ehe ein. Unsicherheiten stellen sich ein, denn in kurzer Zeit haben sich die Regeln geändert, die das Rollenverhalten von Mann und Frau durch Jahrhunderte bestimmt hatten. Sexualtabus wurden gebrochen. Diese bedeuteten nicht immer Einengung und Beschränkung, sondern auch sinnvolle Leitlinie. Diese Orientierungshilfen fehlen in starkem Maße der jungen Generation.

Auch steht in unserer Zeit die Forderung nach Selbstverwirklichung noch im Raum. Hinter diesem faszinierenden Begriff verbirgt sich ein ebenso schillernder wie gefährlicher Sachverhalt. Auf der einen Seite steckt in ihm die positive Idee, die eigenen Möglichkeiten voll ausschöpfen zu können, Begabungen zu entwickeln und persönliche Neigungen nicht zu verdrängen, sondern zu entfalten. Auf der anderen Seite ist Selbstverwirklichung aber auch ein narzisstisches Gelüst des Einzelnen, seinen Egoismus dem Partner gegenüber zur Geltung zu bringen. Ehe ohne Heirat wird damit zum Experimentierfeld und zu einer Bezeichnung mit Hintertürchen. Man lässt sich insgeheim den Rückzug offen. Man kalkuliert das Scheitern ein. Nicht auf Selbstverwirklichung kann man eine Ehe bauen, sondern auf Hingabe und Selbstverleugnung. Egoismus dient immer dem Ich und nicht dem Du. Der Wiener Psychologe Viktor E. Frankl bemerkt treffend: »Der ganze Rummel um die Selbstverwirklichung ist ein Symptom des Scheiterns. Selbstverwirklichung sucht nur derjenige, der unfähig ist, den Sinn seines Lebens in etwas anderem zu finden, als in seinem Egoismus.« In diesem Sinne ist Selbstverwirklichung unbiblisch!

Die Lebensgemeinschaft, die nicht auf Dauer angelegt ist, wird in vielen Fällen schmerzlich enden, oder man erlaubt sich konsequenterweise nebenher und zwischendurch andere Intimpartner. Darüber hinaus bewahren unverbindliche Paarverhältnisse nicht davor, die gleichen Konflikte durchstehen zu müssen, die feste Ehen auch treffen können. Die Tragödien bei Untreue und Verlassen, Abwendung und Verstoßen sind sich gleich. Nichts wird ohne Heirat leichter, nur kurzlebiger, unsicherer, ängstlicher, heimlicher und misstrauischer. Die Angst geht um bei einem Verhältnis ohne Bindung. Eifersucht kursiert, und ständige Unruhe belastet. Oft wird jeder Alleingang mit Angst und Eifersucht überwacht. Fremdbindungen bahnen sich viel schneller an und sind weitaus gefährlicher ohne den Schutz der Ehe. Der Schwächere wird ständig von Furcht begleitet sein, dass der andere mit oder ohne Vorwarnung davongeht. Die Atmosphäre wird vergiftet, und das Maß der Schwierigkeiten wird unübersehbar. Die Belastung der ungewohnten Haushaltsführung, die ungeklärte Wirtschaftsgemeinschaft, die Rollenverteilung und Arbeitsteilung etc. schaffen nicht nur ständig neue Konflikte, sondern führen auch zu immer neuen Streitigkeiten. Und während in einer formell geschlossenen Ehe und dem dadurch entstandenen gesetzlichen Schutz die lebenslangen Partner solche Krisen eben durchzustehen haben, führen sie bei der unverbindlichen Partnergemeinschaft wesentlich leichter zu ultimativen Drohungen: »Wenn es nicht geht, lassen wir es eben sein« oder: »Wenn du nicht mitspielst, verlasse ich dich.«

Der psychische Druck ungesicherter Verhältnisse ist in der Regel weitaus größer als der normative Druck einer klaren Institution, an der man sich wohl reiben, aber mit der man auch rechnen kann. Unklare Verhältnisse verunsichern im Tiefsten, lassen die menschlichen Zuständigkeiten – etwa Vater, Mutter, Kind, Partner, Partnerin – verschwimmen und erfordern eine ständig und allseitig wirkende Wachsamkeit nach außen und nach innen, die mehr Kraft und Nerven abverlangt als klare Normen. Es gibt keine Gesellschaft ohne Normen; darauf haben auch liberale Soziologen und Völkerkundler immer wieder hingewiesen. Normen – und dazu zählt die Ehe – haben eine erleichternde, klärende und damit entlastende Funktion im Zusammenleben. Gegen sie kann man zwar revoltieren, man kann sie kritisieren und in gewissem Maße auch reformieren; aber das kann man nur, weil sie da sind und weil man weiß, worum es sich handelt. Ein konturloses Zusammenleben erlaubt dies nicht.

Wer meint, auf eine kurze Probeehe ein ganzes Eheglück aufbauen zu können, der irrt. Ein bloßes Zusammenwohnen besitzt nicht die rechtlichen Möglichkeiten, die der formellen Ehe zur Verfügung stehen. (Auf die rechtlichen Belange werden wir etwas später zu sprechen kommen.) Es entspricht auch nicht den Tatsachen, dass solche Verhältnisse leichter auseinandergehen können; denn es gibt keine anerkannten Trennungsverfahren, die in der Lage wären, eine solche Lösung entsprechend zu regeln. Bezeichnend sind die Bemühungen einiger Rechtsanwälte, entsprechende »Partnerverträge« zu entwerfen, die in Art einer Geschäftsabsprache den Trauschein ersetzen sollen. Auf seitenlangen Formularen wird hier nicht das Zusammenleben geregelt, sondern auf welche Art und Weise man rechtlich einigermaßen einwandfrei wieder auseinandergehen kann. Es sind somit im Grunde keine Partnerverträge, sondern »Trennungsabsprachen«, die hier von beiden unterzeichnet werden sollen.

Das Wesen der Ehe ohne Heirat und ohne Trauschein ist ja, das Prinzip der objektiven Bindung zu vermeiden und eine deutliche Begrenzung zu umgehen. Die Unverbindlichkeit ist letztlich gewollt, damit man gehen kann, wenn man nicht mehr will, oder auch den Partner wechseln darf, wenn man es möchte. Diese Beziehungen unterscheiden sich von einer Ehe, weil sie die Hintertüren in rechtlicher, vor allem aber in gefühlsmäßiger Hinsicht offen lassen und damit dem Menschen das Erlebnis der Verbindlichkeit und der letzten Verantwortung abnehmen und vorenthalten.

Die Forderung an Gesellschaft und Rechtsordnung wäre, wieder ein Eherecht zu schaffen, das diese Verbindlichkeit überzeugender macht als das gegenwärtige, vielfach durchlöcherte, gebogene, gebeutelte und immer wieder in erneute Reformdiskussionen gezogene Ehe- und Scheidungsrecht. Wer gesunde Ehen und Familien in unserer Gesellschaft und unserem Volk möchte, muss einiges mehr dafür tun, dass die Ehe auch Attraktivität und Bestand verspricht. Dann werden junge Leute wieder Mut dazu bekommen, sie zu führen.

Vom Wachsen der Gemeinsamkeit

Es dauert oft Jahre, bis zwei Menschen wirklich in allen Bereichen übereinstimmen. Viele Paare verlieren den Mut, wenn es zwischen ihnen nicht gleich klappt. Auch sexuelle Harmonie bedarf der Zeit und stellt sich oft erst nach längerem Warten ein. Um seelisch und körperlich zueinanderzufinden, bedarf es großer Geduld und mancher Anforderungen, ehe sich beide aufeinander eingestellt haben. Dies ist in einer kurzen Probeehe oder einer sonstigen Versuchsphase nicht möglich. Auch junge Ehepaare sollten das wissen, damit sie nicht etwa glauben, sie würden es nie schaffen, um dann zu schnell und voreilig die Flinte ins Korn zu werfen.

Viele Paare müssen manchmal einen langen Weg gehen, bis sie zu einem harmonischen Eheglück finden. Dieser Weg wird sich aber, wenn sie sich lieben, immer lohnen. Voreheliche Experimente sind daher keine gute Voraussetzung für eine Ehe, voreheliche Enthaltsamkeit wiederum garantiert nicht automatisch eine gute und reibungslose Ehe.

Entscheidend ist, dass die beiden aufeinander angewiesen sind und in Treue zueinander stehen. Wenn beide vor der Ehe enthaltsam und treu waren, dann ist dies ein wichtiger Hinweis auf ihre Ehefähigkeit und ihr Durchhaltevermögen. Dazu gehört natürlich noch mehr als Liebe und Treue. Beide werden miteinander einen Entwicklungsprozess durchmachen. Da aber beide zur gleichen Zeit und unter gleichen Umständen das Leben zu bewältigen haben und auch notvolle Situationen erleben, werden sie sich gemeinsam in etwa gleicher Richtung entfalten, wenn sie sich unausweichlich aneinander gebunden fühlen. Es ist ein integrierender Prozess, der beide fester umschlingt und nicht auseinanderführt. Diesen kreativen Vorgang erlebt man eigentlich nur, wenn man letztlich voneinander abhängig ist und nicht individuelle Freiheiten zurückbehält. Spontan aufkündbare Lebensgemeinschaften schaffen das nicht und sind eigentlich nicht lebenswert, auch wenn zwischenzeitlich der Lustanreiz stark sein mag. Die geschlechtliche Wesensart des Menschen ist hineingenommen in zuverlässige

Liebe und Verstehen, in Hingabe und Vertrauen, in Geborgenheit und Wärme, in Treue und Verpflichtung, in Ehe und Familie. Wird die Geschlechtlichkeit aus diesem Rahmen herausgenommen – wie es die Pornographie macht –, dann kommt es zur Enthemmung, zur Brutalität, zum Exzess. Nicht der befreite Mensch, sondern psychische Schäden, charakterliche Blockierungen, erstorbene Erotik bis hin zu sexueller Abartigkeit können das Ergebnis sein.

Der Begründer der Tiefenpsychologie, Sigmund Freud, sagte, die Ursache aller seelischen Erkrankungen sei die verdrängte Sexualität. Eine andere tiefenpsychologische Schule sagt, die wahre Ursache der Neurosen sei die verdrängte Religiosität. Nur scheinbar widersprechen sich diese beiden Ansichten. In Wirklichkeit ist die erste in der zweiten enthalten: Wer nicht mehr in einer durch den Glauben geordneten Welt lebt, der gerät mit Sicherheit in Unordnung, unter anderem auch in seiner Geschlechtlichkeit. Aus der Unordnung entsteht Unsicherheit, die sich zur Angst steigert und zur Angstneurose führen kann.

Das Lustprinzip und die »Sympathie des Fleisches« erbringen noch nicht die tiefere Dimension, die für eine Ehe nötig ist. Der Genitalbereich darf nicht zum technischen Apparat degradiert werden. Hier kann – besonders für die Ehefrau – eine verschwiegene und oft grenzenlose Not einsetzen. Wer Schicksale kennt, der hat Einblick in den Kampf voller Gewaltsamkeit gegen sich selbst, gegen seine eigene natürliche oder übersteigerte Geschlechtlichkeit beziehungsweise die des andern. Es gibt eine kaum zu bannende Angst, sich im eigenen Verlangen zu verlieren und zu scheitern. Die Sphäre seelischer Not hat Vervielfältigungscharakter und drängt tiefer ins Dunkel. Das Höchste aber, worum es gehen kann, ist immer das Verlangen nach Liebe und Bergung. Auch Triebhunger ist im Grunde ein Zeichen dafür.

Die Ehe lebt von der Begegnung. Je vielgestaltiger und umfassender sie zwischen den Partnern ist, um so lebendiger wird die Ehe. Es gibt viele Arten: die Begegnung der Herzen, die Begegnung im Schweigen, die Begegnung der Augen, die Sprache der Aufmerksamkeiten, das Empfinden von Zärtlichkeiten, das Geschenk des Körpers. Die lebendige Begegnung wird genährt durch die Sprache der Seele.

Eine solche Begegnung braucht Zeit und Pflege. Gute Stunden muss man vorbereiten und abwarten. Die Begegnung im Gespräch kann übrigens genauso umfassend und beglückend sein wie die Intimbegegnung. Ohne die Begegnung der Herzen wird auch die Begegnung der Körper verstummen oder veräußerlichen. Besonders die Frau kann ohne die Begegnung der Seele nicht geborgen bleiben in der Liebe. Die Sprache ihres Leibes wird schweigen. Dem Mann wird es wahrscheinlich nicht anders gehen, nur täuschen ihn die Hormonproduktion und der Triebdruck über eine solche Tatsache hinweg.

Findet die Begegnung im innersten Bereich des seelischen Empfindens nicht mehr statt, dann befindet sich die Ehe im Konflikt und in der Krise. Das Eigentliche kommt nicht mehr zur Sprache, und das Notvolle wird überdeckt. Man führt Selbstbegegnungen durch und fällt zurück auf das bloße Ich. Man nimmt sich gegenseitig die Geborgenheit und steht sich schutzlos gegenüber. Jetzt verletzt die Begegnung, sie zerstört. Worte werden scharf wie Messer, jeder spricht eine andere Sprache, vielleicht hört jeder nur sich selbst, und das Gespräch bricht ab. Alles gründlich miteinander zu besprechen wäre gut, aber auch Aussprachen haben ihre Grenzen. Selbst stundenlange Erklärungsversuche enden dann mit der Feststellung: Wir haben uns nicht verstanden, der Abstand wird zu groß. Die Brücke von Herz zu Herz ist zerstört, die Innigkeit erloschen. Dann werden auch Worte des Mundes fremd und tot. Die Wand der seelischen Einsamkeit steht zwischen beiden. Man versteht nicht mehr die Sprache des andern. Ein hörendes Herz müsste man haben.

Der französische Schriftsteller Exupéry stellte einmal fest, dass man nur mit dem Herzen gut sieht. Für Ehegefährten gilt das im besonderen. Es bedeutet, dass man den andern in sich hineinnimmt, dass man die tieferen Gründe der Disharmonie herausspürt und dass man bereit ist, zumindest ein Stück des eigenen Selbst für den andern aufzugeben. Mit dem Herzen auf den andern zu hören kann unbehaglich und heilsam zugleich sein. Probleme und Ängste bekommen ein anderes Gesicht, menschliche Wärme wird investiert. Man wird sich selbst in Frage stellen und nicht für absolut halten. Vertrauen zueinander wächst nur über die Verbindung der Herzen. Verstandesmäßige Einsichten sind meist nicht machbar und noch weniger wirksam. Das Diskutieren von wichtigen Grundsatzfragen hilft an dieser Stelle nicht weiter. Hier gilt ein Wort von Albert Camus: »Seine Grundsätze soll man für die wenigen Augenblicke in seinem Leben aufsparen, in denen es auf Grundsätze ankommt. Für das meiste genügt ein wenig Barmherzigkeit.« Denn nur Barmherzigkeit und Verständnis sind in der Lage, dem Partner in der Ehe die Angst des Herzens zu nehmen. Zwar ist die Ehe nie der Himmel, aber das Hören der Herzen kann eine Haltung der Hingabe signalisieren und nicht des Forderns. Die Ehe kann für zwei Menschen zu einem Weg werden, auf dem sie stärker miteinander verbunden werden als durch irgend etwas anderes. Jedes Problem wird dann zu einer gemeinsamen Aufgabe, die die beiderseitige Ermutigung und Hilfe braucht. Schwierigkeiten müssen nicht auseinandertreiben, sondern sind in der Lage, beide fester aneinanderzubinden. Die Ehe bedarf nicht nur der ständigen Pflege, sondern auch einer gewissen Belastung. Man sollte keiner Partnerschaft alles Schwere und alles Leid abnehmen. Die schwersten Stunden sind oft auch die schönsten Stunden, um zusammenzuwachsen zu einer gemeinsamen Aufgabe.

Vielleicht sollte man eine Art Checkliste aufstellen, wenn man sich klar werden will, ob man schon für die Ehe taugt. Deshalb sollen hier einmal Eigenschaften und seelische Fähigkeiten genannt werden, die für eine befriedigende Dauerbeziehung erwünscht sind. Folgende wären besonders zu nennen:

Ich darf Wünsche äußern und die des Partners entgegennehmen.

Ich darf hoffnungsvoll sein und ausgeglichen und dies auch vom andern erwarten dürfen.

Ich muss Kompromisse schließen können. Der andere wird diese Fähigkeit einzubringen wissen.

Ich darf versöhnlich sein und kann auch um Versöhnung bitten.

Ich habe Freude am Leben mit andern Menschen.

Ich bin einigermaßen zuverlässig und möchte mich auch auf andere verlassen.

Ich muss die Initiative ergreifen und immer neu anfangen können.

Ich kann Spannungen aushalten, bin aber auch bereit, sie aufzuheben.
Ich versuche, Konflikte zu lösen und sie nicht andern zuzuschieben.
Ich kann zuhören und mich mitteilen.
Ich bin interessiert und setze beim andern Interesse voraus.
Ich bin direkt und offen in meinen Äußerungen.
Ich vermeide Heimtücke und Schleichwege.
Ich kann schweigen und versuche, Vertrauen nicht zu enttäuschen.
Ich kann genießen und mich freuen.
Ich habe ein Lebensziel und spreche davon.
Ich gebe Zeit und Gesundheit dran, wenn eine wichtige Aufgabe zu lösen ist.
Ich versuche, ein durchschaubarer Charakter zu sein.
Ich suche und halte Kontakt zu Vertrauenspersonen.
Ich stehe Krisen durch, ohne sie zu verschärfen.
Ich vertrete meine Interessen, bin aber bereit, notfalls alles zurückzustellen.
Ich habe eine Meinung, achte aber auch auf die des andern.
Ich trachte nach Gemeinsamkeit im Glauben, im Fühlen und im Denken.
Ich weiß, dass nicht ich Herr bin, sondern dass ein Herr über mir steht.
Ich erkenne Gott als Schöpfer und Erlöser meines Lebens.

Diese seelische Hellhörigkeit ist in der Partnerfrage entscheidend und wichtiger als Herkunft, Heimat, Rasse, Kultur, Familie, Verwandtschaft usw., obwohl diese »Umweltfragen« ebenfalls beachtet werden sollten. Nicht nur die Herzenseinstellung, sondern auch die Tatsache, dass man sozusagen aus dem gleichen Stall stammt, erleichtert später vieles. Trifft das nicht zu, dann sind mit des Herzens Kraft die Unterschiede zu überbrücken. Man sollte aber die biologischen Probleme, die innere Einstellung und Mentalität nicht unterschätzen. Eine Dauerbeziehung wird psychische, biologische und gesundheitliche Begleiterscheinungen berücksichtigen. Gefühl und Romantik ersetzen das nicht. Nüchternes Denken ergänzt die Liebe.

Eine Paarbeziehung lässt sich nicht auf dem Reißbrett entwerfen und dann wie ein Architektenentwurf in die Praxis umsetzen. Die Gefühle spielen immer noch die entscheidende Rolle, und aus guten Anfängen kann trotz schwieriger Bedingungen etwas Gutes werden, wenn beide etwas dafür tun. Allerdings wird hier jeder vernünftige Mensch auch den Rat erfahrener Eheleute und Seelsorger einholen. Wenn es irgendwelche Zweifel gibt, so sind sie schon der Beweis dafür, dass ein solcher Rat angebracht ist. Eine selbstherrliche Partnersuche führt nicht selten auf einen Irrweg. Junge Leute überschätzen oft die Belastbarkeit ihrer Gefühle. Dies zeigt sich vor allem dann, wenn große geistige Unterschiede vorhanden sind. Dies ist erfahrungsgemäß schwerwiegender, als mit einem körperlichen Mangel fertig zu werden. Es scheint auch aussichtsreicher zu sein, mit einem fehlerhaften, unvollkommenen Menschen zusammenzuleben als mit einem glatten, windigen, attraktiven und schönen, aber auch entsprechend erfolgsverwöhnten. Fehler und Fehlerhaftigkeit können ausgeglichen werden. Mann und Frau haben wesensspezifische. Sie sind erkenn- und definierbar. Wir beschäftigen uns mit ihnen.

Menschliches zwischen Mann und Frau

Am Blick erkennt man den Mann und den Verständigen an der Weise seines Auftretens.

Sirach 19, 29

Ein verständiges Weib schätze nicht gering.

Sirach 7, 19

Manche Ehen scheitern daran, dass einer Ehemann wurde, ehe er Mann wurde.

Robert Lembke

Jede Frau ist leicht zu entschlüsseln, wenn man ihren Code kennt.

Jean-Paul Belmondo

»Ich habe mir ihn/sie wirklich anders vorgestellt. Jetzt mache ich eine Ernüchterung durch, die mich aus Illusionen holt und auf die Erde stellt. Die rosa Wölkchen meiner Vorstellungswelt zerflattern. Die Realität zeigt mir den Lebenspartner sehr menschlich, ganz irdisch, mit Schwächen und Tricks. Ich träumte immer von dem absolut passenden Partner. Aber diesen Supermenschen mit götterähnlichen Charakterzügen gibt es wohl nicht. Der andere besitzt Schwächen, ich selbst nicht weniger; aber wir werden es schon schaffen. Zur gegenseitigen Hilfe haben wir abgesprochen, uns die kleinen Fehler humorvoll zu zeigen, sie zu ertragen und möglichst abzuschaffen. Das offene Gespräch hilft uns jetzt, damit aus Kleinigkeiten kein großer Konflikt wird.«

Das ist eine vernünftige Einstellung junger Partner, denn was den Ehealltag auf die Dauer am meisten belasten kann, sind die am Anfang völlig übersehenen kleinen Eigenheiten und Macken: Sie drückt die Zahnpasta immer in der Mitte aus, so dass die Tube wie eine betagte und misshandelte Leberwurst aussieht. Er kann sich einfach nicht abgewöhnen, beim Händewaschen den Spiegel vollzuspritzen, so dass sie immer nachwischen muss. Ihr Putztick geht ihm auf die Nerven und ihr seine Unpünktlichkeit. Besonders die Zeitdifferenzen im persönlichen Tagesrhythmus bilden eine der schwersten und verbreitetsten Belastungen für eheliche Partnerschaften. Unterschiedliche Schlafenszeiten können zum Problem werden. Wenn er müde ist, ist sie hellwach und umgekehrt. Solange man sich nicht – wenn es sein muss – auf unterschiedliche Schlafgewohnheiten einstellt, wird der Konflikt schwelen und kann jederzeit ausbrechen. In einer ruhigen Stunde sollte man eine Lösung suchen. Von Mal zu Mal sind dann vielleicht vorübergehend getrennte Schlafzimmer durchaus nützlich. – Dies sei ein praktisches Beispiel.

In dieser und in anderen Fragen ist es am besten, wenn jeder klar und rückhaltlos seine Wünsche und Bedürfnisse äußert, ohne von dem andern Angriffe oder Zwischenbemerkungen befürchten zu müssen. Das ist ja das Merkwürdige: Auch wenn Paare schon jahrelang über einen bestimmten Punkt streiten, kennen sie die Meinung des andern oftmals immer noch nicht, weil sie ihm nie richtig zugehört haben. Also, zuhören!

Es muss klar werden, was die Beteiligten wollen, was sie noch ertragen möchten und was sie auf keinen Fall hinzunehmen bereit sind. Der nächste Schritt besteht darin, dass beide die gegenseitige Bereitschaft erklären, den Konflikt lösen zu wollen. Wenn einseitig auf ein Ergebnis gedrängt wird, gibt es keine wirkliche Lösung. Entweder der Gedrängte stimmt einem faulen Kompromiss zu, oder er mauert. Beide müssen die Verbesserung wünschen, dann werden sie verhältnismäßig leicht zu einer gerechten Absprache kommen können.

Die Konfliktlösung muss nicht in jedem Fall auf einen Kompromiss hinauslaufen. Klar herausgearbeitete Unterschiede, wobei Grenzen gesehen und respektiert werden, führen zu besseren Partnerbeziehungen als verwischte. Wirklich unabänderliche und in der Natur der Betroffenen tief verwurzelte Ticks oder Macken wie gelegentlicher Geiz, Wasserscheu oder auch das Gegenteil, also Waschzwang oder Verschwendungssucht, muss man wohl einfach respektieren, soweit sie nicht die Interessen des andern einschneidend berühren. Hier kann die Toleranz bis an eine äußerste Grenze gehen.

Jedoch gibt es Menschliches unter uns, das auszusprechen Überwindung kostet. Sind wir doch zu artigen Komplimenten erzogen und dazu dressiert, eine gewisse Schwelle zu respektieren, jenseits der man Fehler klugerweise übersieht. Aber die Ehejahre tun das ihre, Schicht für Schicht voreinander abzubauen und die Schwelle niedriger anzusetzen. Die Verteilung von Schwächen mag auch einseitig ausfallen, manchmal ungerecht. Alles ist bei allen zu finden, bei Männern wie Frauen. Die Gewichtung wird unterschiedlich sein und die Zeichnung an einigen Stellen überspitzt. Dennoch gibt es Nachdenkenswertes und Ärgerliches. Selber Silbergatte, riskiert der Autor es mit tausendfacher Entschuldigung aufgrund ungezählter Briefe und Gespräche und schreibt etwas vom Kern der kleinen Konflikte. Das Hohelied des Lobes, der Anerkennung und des Dankes sei jedem gewiss – und das aus ehrlicher Überzeugung –, mein Bemühen um Verzeihen schwächt nichts ab. Ich verärgere sicher beide Seiten, die männliche wie die weibliche, die Damen wie die Herren, meine Brüder und Schwestern, meine Freunde und . . .

Die *Besserwisserei* ist eine Domäne der Männer. Ihre Kenntnisse kramen sie bei jeder Gelegenheit genüsslich hervor und benutzen ihr Wissen, um dem andern sein eigenes Unwissen unübersehbar deutlich zu machen. Um Recht zu haben kämpfen sie, streiten sich stundenlang und sind sogar bereit, die Harmonie einer Beziehung aufs Spiel zu setzen. Hauptsache, sie gehen als überlegene Sieger aus der Diskussion hervor. Wie fühlt man sich klein und kläglich daneben! Viele Frauen ziehen es deshalb vor, von vornherein klein beizugeben und den großen Helden unangefochten stehen zu lassen. In den meisten Fällen heißt das aber, dass hier zwei unterschiedliche Rollen gespielt werden und wenig Aussicht besteht auf ein wirklich partnerschaftliches Miteinander.

Wahrscheinlich können Frauen dafür *leidenschaftlicher* lieben, aber man sagt ihnen auch nach – ich weiß nicht, ob das voll zutrifft –, dass sie auch ausdauernder hassen können als Männer. Wer Liebe gar verweigert oder nicht mehr erwidern kann, der hat kaum Gnade zu erhoffen. Genießen sie ein klein wenig das Gefühl der Rache?

Männer sind zu bedauern: Sie stehen vor permanenten Anforderungen und müssen sich ständig beweisen. Der Beruf fordert Leistung. Bringen sie diese nicht, sind sie in der derzeitigen Wirtschafts- und Berufslage weg vom Fenster. Sie müssen fit sein und möglichst noch besser werden. Ungut ist nur, dass diese Situation vielfach auf die Freizeit und die Partnerschaft durchschlägt. Sie kommen in fast keiner Beziehung aus der Haltung des Wettbewerbs und des Leistungsbeweises heraus. Ob sie wollen oder nicht, sie können den *Erfolgszwang* nicht beseitigen: möglichst vorne sein, immer perfekt arbeiten, sich keine künstliche Schwäche einbilden. Wiederum glaubt niemand, dass man auch schwach und müde ist, sich geirrt oder Unrecht hatte. Im Grunde ein nicht beneidenswertes Schicksal. Zum Ausgleich wird zu Hause im Übermaß das Auto gewienert, die Hausfront verschalt, der Garten gepflegt und der Hobbyraum tapeziert. Wenn nur die Fassade stimmt! Dahinter kann das Chaos herrschen, das Tohuwabohu des Undisziplinierten und Unkontrollierten. Aber das äußere Auftreten, die Sprechweise, die Umgangsformen sind klar und geprägt: immer eisern, gespannt, forciert und kraftvoll. Wer kann das schon dauernd ertragen! Es hat zunächst etwas Ansteckendes, dann aber auch genug Abschreckendes. Dabei wären Männer froh, wenn sie mit sanfter Hand vom Gipfel ihrer Höhenflüge heruntergeleitet und in die weicheren Täler einer gewissen Entspanntheit und Lässigkeit entführt würden.

Dagegen kann bei Frauen der *Stolz* eine Eigenschaft sein. Möglicherweise ist er gar keine Eigenschaft, sondern eine Kombination, eine Mixtur aus mehrerem: Verletzlichkeit und Angst, sich zu verlieren; Arroganz und Furcht vor Demütigung; Scheu, sich etwas zu vergeben; vielleicht auch die Bewusstheit des eigenen Wertes, den man nicht zu niedrig eingeschätzt wissen möchte. Stolz ist aber ein völlig ungeeignetes Mittel, Angst zu verwinden und Schutzbedürftigkeit zu signalisieren. Respekt gewinnt man nicht durch ihn, denn Stolz stößt ab und macht einsam. Er ist nicht nur leicht kränkbar, sondern kränkt auch andere. Ein stolzes Gehabe ist im Grunde eine krankhafte Erscheinung. Nur weil in manchen Märchen der Stolz allzuoft mit Schönheit gepaart ist, wird ihm ein gewisser metallischer Glanz verliehen, wie er auch hochbrisanten Waffen – Raketen zum Beispiel – eigen ist. Stolz ist eine ungeeignete weibliche Waffe, gegenüber der man lieber ein Entwicklungsland bleibt. Wenn weibliche Hochrüstung in der Ehe ausgespielt wird, dann können getroffene Stellen und verbrannte Flecken zurückbleiben.

Der Mann ist ausgesprochen *mundfaul* – außer auf der Kanzel und am Stammtisch. Was eine Frau liebt, mag ihn auch erfreuen, aber er sagt es nicht. Das schöne Blumengebinde, die geschmackvolle Kaffeetafel, das feinsinnige Gedicht, die romantische Landschaft, die künstlerische Graphik oder der Marienkäfer – Frauen teilen sich gern und fließend mit, fassen alles in Worte. Männer dagegen haben Schwierigkeiten, ihre Gefühle auszudrücken, sich überhaupt an Kleinigkeiten zu freuen und diese wichtig zu nehmen. Auch Wünsche haben sie wohl keine mehr. Wenn man sie fragt, was sie sich zum Festtag wünschen, dann kann die Antwort kommen: »Ich habe alles, ich brauche nichts.« Und so läuft dann bald alles auf die Krawatte, die Strümpfe und die Taschentücher hinaus. Das sind Bestattungsrituale aller Geschenkphantasien. Nun kann zu den üblichen Festtagen die Wunschlosigkeit mit Recht einrosten, wenn sie nur zu vielen unüblichen Zeiten im Laufe des Jahres lebendig bleibt! Wie auch immer: Männer bleiben Stotterer, Sprachgehemmte; sie stammeln, drucksen und verlieren den Faden.

Dagegen ist wissenschaftlich erwiesen, dass schon kleine Mädchen einen höheren Wortschatz und eine geschicktere Art besitzen, mit der Sprache umzugehen. Diesen Vorsprung hat die Frau im Laufe des Lebens weidlich ausgebaut und nutzt ihn auch. Jedoch wirkt er oft genug auch ausgeleiert und ausgebeutelt. Dann scheuen sie kein Thema und keine Bemerkung, weder Urteil noch Fehlurteil. Klatschbasen sind ja nicht nur eine Erfindung der Karikaturisten. Gnadenlos hecheln sie alles durch, sagen, was sie wissen (und meistens noch einiges mehr), jedem, der es hören will oder nicht. Niemand ist sicher vor ihrer Zunge, diesem »unruhigen Übel voll tödlichen Gifts«, wie es in der Bibel einmal heißt. Keine Zeit ist zu schade, kein Thema zu schwierig, kein Geheimnis zu kostbar, um nicht zwischen ihren hurtigen Kiefern zerredet zu werden. Wehe dem Mann, der einmal dazwischengerät, weil er sich ihnen nicht mit dem erwarteten blinden Respekt genähert, womöglich Kritik geübt, Lack abgekratzt oder Unbotmäßigkeit gezeigt hat! (Indem ich hier diese *Redseligkeit* beschreibe, ahne ich schon Übles ...)

Besonders hilflos und drittklassig macht sich ein Mann, wenn seine Mutter noch in der Nähe lebt und er der *Mutterbindung* nichts entgegensetzt. Sie erhebt Anspruch auf ihren Sohn und gibt ihn nicht auf. Dann entsteht ein Dreieckskampf mit ungleichen Waffen. Die Mutter umwirbt, verwöhnt und besticht, ruft an und lädt ein, bietet sich als Zuflucht in Konflikten an und übertrumpft die Schwiegertochter. Die junge Frau ist daneben oft hilflos. Nicht selten merkt sie, dass ihr Mann diese Lage ausnutzt. Er ist sozusagen der Bejammernswerte, der Verpflichtete, der Samariter gegenüber dem Alter (obwohl die Mutter noch ganz schön rüstig und eigenständig ist). Der Ehefrau gegenüber markiert er dennoch den Selbständigen, Unabhängigen. Im Zweifelsfall und beim Streit flüchtet er unter die Fittiche der verstehenden Mutter. Spitzt sich die Lage zu und verlangt die Ehefrau die Ablösung und Trennung von der Mutterbindung, dann weicht er aus.

Ehe ein Muttersöhnchen sich ändert, muss wohl viel geschehen, und zwar am besten am Anfang: klare Zuständigkeiten, keine Einmischung, abgegrenzte Reviere, kein allzu häufiges Sehen, Förderung der inneren Selbständigkeit. Aber manchmal muss das Alter das Seine tun, oder Entmutigung und Enttäuschung greifen Platz. Es gibt Psychologen, die behaupten, dass ein Mann sein Leben lang die Mutterbindung nicht ganz los würde. Es ist ein Jammer um den Mann!

Besonders schlimm kann alles werden, wenn die Ehefrau ein emanzipierter Typ ist, der ein undressiertes, selbständiges Wesen neben sich schwer ertragen kann. Eine Ausnahme bilden nur die Frauen, die selbst stark genug und nicht darauf aus sind, zu herrschen oder zu beherrschen noch sich wortlos und übertrieben demütig zu fügen. Es gibt aber eine recht häufige Mischung: Fürsorge zieht *Entmündigung* nach sich. Dienstbereitschaft kann verkappte Herrschaft sein. Nirgends ist sie leichter auszuüben als in der Ehe, die darum allzuoft nach außen wie ein Lustschloss aussieht, nach innen aber eine Zwangsanstalt mit gewissem Psychoterror sein kann. Diese Tatsache ist nur zu bekannt, als dass man sie wie ein glühendes Eisen unentwegt in die offene Wunde der Ehemänner tauchen sollte, zumal sie bei den meisten vernarbt ist oder durch mancherlei Balsam gelindert wurde. Kratzen wir nicht daran!

Der werbende Mann gibt sich alle Mühe, wirft sich in Schale, bindet die Krawatte exakt, kauft sogar Blumen und wechselt täglich die Wäsche. Ist der Zweck der Werbung erreicht, reißen alte Unsitten ein. Ihn überkommt anscheinend das Gefühl, aus der Zeit der Kindheit mit der Fürsorge der Mutter in die neue Versorgung der späteren Jahre einzutreten. Eine moderne Frau jedoch hat anderes im Sinn, als ihn zu bemuttern und zu versorgen, auf ihn zu warten und seine Waschfrau, Küchen- und Putzhilfe zu sein. Männer gewöhnen sich an *Schlamperei* und lassen mit erstaunlicher

Schnelligkeit alles herumliegen – gewohnt, dass ihnen jemand nachräumt. Wer aber Partnerschaft und Ehe will, muss sich selbst um einiges kümmern und mit hartnäckigen Gewohnheiten aufhören. Entsprechende Widerstände von der anderen Seite werden ihn sonst spürbar treffen.

Natürlich gibt es hier auch das weibliche Gegenstück. Die *Unaufgeräumtheit* der Frau vermag Glanzrollen zu liefern. Zwar verlangt und erwartet sie vom Mann, dass er diszipliniert, beherrscht, entgegenkommend und selbstlos ist und natürlich dienstbereit alles tut und sich in allem um sie dreht – das Gleiche, was sie auch tut, nur auf Dauer nicht mehr erkennbar für ihn. Von ihren Launen und Stimmungen ist es abhängig, ob und wie sie sich pflegt, kleidet, putzt, beherrscht. Zugegeben: Die meisten Frauen sind gepflegter, attraktiver, figurbewusster und ordentlicher als die meisten Männer. Aber die Ordnung reicht bei vielen nur, soweit das Auge reicht. Wie es hinter den Schubladen und Schranktüren, Fassaden und Perücken aussieht, fordert nicht zur Entdeckung heraus, jedenfalls dann nicht, wenn man Enttäuschungen vermeiden möchte. »Lockvögel der Liebe« (Schopenhauer) sind sie dann nicht mehr. Mit dem Putz- und Feuerwerk weiblicher Jugend habe sich die »List der Natur« erschöpft. Wenn dazu noch frühes Alter und progressive Vernachlässigung eintreten, ist es kein Wunder, wenn die nächste Generation so mühelos die schlecht gepflegten Plätze einnimmt.

Die meisten Könner und Künstler erlebt man bescheiden und zurückhaltend. Wer etwas kann, hält sich bedeckt und macht meist nichts aus sich (außer in humorvoller Eigenkarikatur). Der wirklich Erfolgreiche nimmt sich zurück, und seine Leistung spricht für ihn. Menschlich unauffällig, tritt er ungern ins Rampenlicht und meidet nicht selten offene und aufdringliche Geselligkeit. Jene aber, die im wirklichen Leben keine besonderen Erfolge aufzuweisen haben, neigen dazu, die wenigen hervorzukehren und durch Angabe noch zu steigern und zu übertreiben. Wer angibt, hat's nötig; wer als Kraftbolzen auftritt, verrät dem geübten Auge damit nur seine Schwäche. Diese Schwäche aufzudecken oder auszunutzen bringt meist nichts ein, bestenfalls gestörte Beziehungen und Unversöhnlichkeit. *Kraftmeier* brauchen die Bestätigung von außen und sind geradezu unersättlich, weil sie im Grunde selbst nicht an sich glauben. So müssen sie immer wieder überzeugt werden und klopfen starke Sprüche, in der Hoffnung, andern damit zu imponieren und auf Zustimmung zu stoßen. Ihr Leiden besteht aber gerade darin, dass sie diese Zustimmung selten finden, sondern eher skeptisch verzogenen Mienen und vorsichtiger Distanz begegnen, die sie wiederum zum Anlass nehmen, sich zu neuem Renommier- und Imponiergehabe herausgefordert zu sehen. Als Frau neben solchen vordergründigen Kraftmeiern zu existieren ist nicht leicht, weil man sich sehr schnell verdrängt und missbraucht vorkommt. Ein Kraftmeier versucht ja, seine Kraft auf Kosten anderer und vor dem Hintergrund von Scheinwirklichkeiten herauszustellen und zu betonen. Seine Phantasie und seine Realitätseinschätzung schlagen dabei Purzelbäume; mit normalem Maß ist das oft nicht mehr zu fassen. Da bleibt einem keine andere Chance, als den Protz gelegentlich aufzuspießen und ihm Mut zu machen zur eigenen Schwäche.

Demgegenüber ist der Frau eine Art *Unberechenbarkeit* eigen. Unter diesem Begriff versteckt sich eine Vielzahl von liebens- oder meidenswerten Unarten, kleinen Launen und Unzuverlässigkeiten, Freude an Überraschungen und Willkürmaßnahmen, Abhängigkeit von Stimmungen und Reizbarkeiten. Diese Letzteren sind immerhin noch leidlich berechenbar. Aber im übrigen Krautgarten der Gefühle blickt kein Mann durch. Er irrt hilflos darin herum und ist dem dornigen Blütenreichtum schutzlos ausgeliefert. Wer mag das schon, selbst wenn es dem Leben die Spannung erhält!

Die Wesensverschiedenheit der Geschlechter wird auch in der *Empfindungsunlust* und der *Ichhaftigkeit* deutlich. Wenn eine Frau schon längst klar sieht, beginnt ein Mann meist erst mühsam zu begreifen. Er ist gewohnt, klar zu denken und sich grob und klotzig auseinanderzusetzen. Schwarz ist Schwarz und Weiß ist Weiß. Die Nuancen verunsichern ihn und erscheinen ihm schlecht greifbar. Auch Gefühlen und Intuition misstraut er zu sehr, um sich darauf verlassen zu können. Dabei hätte er es viel leichter, wenn er verspüren würde, was die Situation erfordert und was seine Partnerin wünscht, als nur darauf zu warten, dass sie es ihm in aller Deutlichkeit sagt. Für sie ist dann des Mannes Glanz mit erheblichem Mehltau besetzt, und sie kommt sich vor wie ein Elefantentreiber – wobei nichts gegen Elefanten gesagt sei, denn die sind trotz ihrer sprichwörtlichen dicken Haut meist viel behutsamer und sensibler (übrigens auch sehr nachtragend!). Männer fühlen sich unsicher, wenn sie sensibel reagieren sollen, wie auf Glatteis – auf einem Parkett also, auf dem sich Frauen viel sicherer bewegen. Dass diese Seite bei Männern schwächer ausgebildet ist, hängt sicher mit ihrer ständigen beruflichen Frontsituation zusammen, mit aggressiv zu erbringender Leistung. Ein Zusammenleben mit einem Ehepartner muss aber diesen Umgang verbessern, wenn es nicht zu langwierigen und zermürbenden Auseinandersetzungen kommen soll.

Dagegen hat die frauliche Wahrnehmung, ihre *Ichdarstellung*, Gewicht. Sie sieht die Dinge, wie sie sie eben sieht. Das könnte man sogar ertragen, wenn nicht alles um sie herum sich danach zu richten hätte. Ihre Sicht der Dinge, ihr Gedächtnis, ihre Darstellung der Wirklichkeit, die staunende Mitwelt – alles folgt gleichsam dem individuellen Gesetz ihres subjektiven Empfindens. Was sie sich einbildet, sieht sie; was sie brauchen kann, behält sie; was sie sich wünscht, soll auch wahr sein, und wenn sie die Wirklichkeit noch so auf den Kopf stellen muss, einem die Worte, die man gesagt hat, im Munde herumdreht und bis zur Unkenntlichkeit verändert. Ein Mann kann nur staunen, bis zu welchem Grade sich die Wirklichkeit verändern und umdeuten lässt. Da dies gewöhnlich nicht ohne Rechthaberei geschieht, wird die Verständigung nicht immer leicht gemacht.

Es gibt eine mir unverständliche Art von Männern, die schon nach wenigen Wochen oder knappen Jahren erleichtert sind, wenn die Erde sie wiederhat, das heißt sie zum Stammtisch und den Sportsfreunden zurückkehren können. Hier herrscht ein anderes »Hallo«, dessen Ton ihnen vertraut ist und weniger feinsinnig und gefühlsbetont zu sein hat wie der Umgang mit der jungen Ehefrau. Die *Derbheit* ihres Milieus verträgt es besser, ein wenig grobschlächtig und klotzig aufzutreten und sich an groben Witzen zu beteiligen. Bald ist man sich einig, dass man sich unter Männern eben doch wohler fühlt und einander besser versteht. Hier fällt die hölzerne und täppische Art weniger auf, hier kann man eckig und ungeschliffen sein. Der weiche Kram, die Empfindlichkeiten, die unausgesprochenen und schwer zu erratenden Erwartungen und Wünsche der jungen Frau gingen einem schon bald auf die Nerven. Hier, im alten Kreis, wird Fraktur gesprochen, hier darf man ungehobelt und linkisch sein und auch schon einmal derb lachen. Schön ist es natürlich, beides zu haben: eine wartende und barmherzige Frau daheim und den rauen und rauchigen Stammtischton draußen. In dieser Spannung mögen viele Männer glücklich leben, aber die treu daheim wartende Ehefrau wird sich nicht immer wohl fühlen. Zu viele Stunden sitzt man allein, zuviel Dunst hängt in seiner Kleidung und seinen Haaren. Die Lust vergeht einem mit der Zeit; denn seine Unarten nehmen nicht ab. Man sollte sie vorher kennen und das Nachher danach einschätzen oder sogar davon abhängig machen.

Wie aus heiterem Himmel fällt der Frau etwas ein, Hals über Kopf, Knall auf Fall ändert sie ihre Meinung, ihr Handeln, und von einem Augenblick zum andern vermag sie anderer Meinung zu sein. Alles übergangslos und abrupt, meistens äußerst unangenehm. »Was geht mich mein Geschwätz von gestern an!« Das gilt im Umgang mit dem Ehemann, in der Erziehung der Kinder und in der Beurteilung von Sachvorgängen. Eine Frau war es, die Schwedin Ellen Key, die den sprunghaften Erziehungsstil durch einen krassen Vergleich brandmarkte: »Warum lernt das Kind sehr bald, dass das Feuer brennt? Weil das Feuer es immer tut. Aber Mama, die einmal schlägt und einmal droht, einmal weint und einmal versagt und gleich darauf erlaubt, die das nicht hält, womit sie droht, nicht zum Gehorsam zwingt, nur unablässig schwätzt, schilt, die ›es manchmal so machte, manchmal so und manchmal anders‹ – sie hat nicht die kräftige Erziehungsmethode des Feuers.« Und so geht es auch auf tausend anderen Gebieten. Bilder werden umgehängt, Möbel umgestellt, Zimmer umtapeziert und umfunktioniert, Frisuren gewechselt, Freunde fallen gelassen. Einem Mann kann nur schwindeln vor soviel *Sprunghaftigkeit* und Inkonsequenz. Dieses Auf und Ab ist für ihn bedrohlich und ihm zutiefst zuwider. Da wechselt er lieber vom Küchentisch zum Stammtisch.

Dagegen blühen die meisten Männer auf, wenn sie auf ihr Hobby angesprochen werden. Und irgendeine *Liebhaberei* haben die meisten: das Internet oder eine elektrische Eisenbahn, eine Hobelbank oder ein Modellspielzeug. Es kann auch das eigene Auto sein, das jeden Samstag gewienert wird, als ob eine Gottheit in ihm versteckt sei. Es grenzt schon an Götzenkult, was Männer an Zeit und Mitteln in ihre kindlichen Vorlieben stecken. Bald kommt sich eine Frau daneben ausrangiert und überflüssig vor, wenn er sich mit tausend Ausreden hinter den PC, in den Bastelkeller oder den Hobbyverein fortstiehlt. Tage und Wochen verbringt er wortlos beim Angeln am Flussufer, beim Schachspielen im Klub, beim Segelfliegen oder als Freizeitkapitän. Nur im Glücksfall kann sie ihm helfen als gleichwertige Partnerin. Sonst aber sieht es nicht gut aus in dieser Konkurrenz. Sie kann sich bestenfalls ein eigenes Hobby zulegen oder eine Freundin, die Zeit zum Trödeln hat. Eine gute Lösung ist beides nicht, aber wenn erst einmal etwas eingefahren und festgezurrt ist, ergeben sich Gewohnheitsrechte und Besitzstände, von denen ein Mann freiwillig schwer wieder heruntergeht.

Mit der *Neugier* macht die Frau etwaige Kuriositäten ihres Mannes wieder reichlich wett. Die Neugier ist eigentlich die ältere Schwester der Redseligkeit und Tratschsucht. Aber da weniger auffällig und schrullig, fällt sie zunächst nicht so störend ins Auge. Jedoch ist dieses Organ bei manchen Frauen mindestens ebenso rührig wie die Zunge. Nichts entgeht ihnen, manche scheinen vier-, sechs- oder gar neunäugig zu sein. Und was die Augen nicht sehen, weiß der Mund zu erfragen, das Ohr zu erlauschen. Zu den sechs Sinnen haben diese Frauen unweigerlich und untrüglich den siebenten, einen hellseherischen Spürsinn, der den Mann zu naiver Harmlosigkeit entwaffnet und ihn, falls ertappt, alsbald und immer nach Belieben verwendbar in die Rolle des Schuldigen treibt. Was die Neugier nicht erspäht, vervollständigt die Unterstellung. Die Bestätigung ihrer Vermutungen ist Frauen oft mehr wert, als die Wirklichkeit zu erfragen. Das macht vieles im Zusammenleben kaum erträglich.

Nur verhältnismäßig wenige Frauen interessieren sich wirklich und in die Tiefe gehend für sachliche Themen und menschliche Probleme. Sensationelles und Mitteilbares – das erste Kind der Nachbarin, der Tod von Prinzessin Diana, die Scheidung und der Hausverkauf des Apothekers – sind wichtigere Ereignisse als die Bundestagswahlen und der städtische Bebauungsplan. Allen feministischen Notschreien zum Trotz ist der Anteil der Frauen im öffentlichen Leben in den letzten zehn Jahren kaum gestiegen. Da es freie und freiwillige Wahlen gibt, können daran kaum herrschsüchtige Männer schuld sein. Der Stil der meisten Frauengespräche ist für Männer lästig und unerquicklich: oberflächliches Partygeschnatter, das ein Thema eben anreißt, um es alsbald fallen zu lassen und das nächste aufzugreifen.

Frauen arbeiten gründlich und korrekt, wo man den Erfolg sieht. Sie sind meist vom Anschaulichen, Nachfühlbaren und Stimmungserfüllten abhängig. Sie möchten wirken und geben für Wirkung und Wünsche (die ein halbwegs vernünftiger Mann nie zahlen würde) unverhältnismäßig hohe Summen aus.

Wenig Sinn haben Frauen für Verhältnismäßigkeit und *Sachlichkeit.* Aber zugegeben: Wo kämen sonst die Schönheit, die Verspieltheit und der Charme her, die unsere Welt letzten Endes zusammenhalten und auszeichnen und von der tristen, langweiligen Männergesellschaft unterscheiden?

Der Mann dagegen empfindet es als das Schlimmste: Immer hatte er es ersehnt, einmal schwach sein zu dürfen. Wenn aber eine *Schwäche* eintritt, wird sie unerträglich. Ob es sich um die Weinerlichkeit und Wehleidigkeit handelt, wenn er mit einem Schnupfen kämpft, oder um Ausreden, die das Liebesleben veröden. Männer möchten angeblich schwach sein, aber sie können es so heftig und dauerhaft, dass einer Frau die Lust vergeht. Männer sind wirklich das schwächere Geschlecht. Schon in der Kindheit ist bei ihnen die Todesrate höher, und das Alter erleben achtmal mehr Frauen als Männer – ein klarer Hinweis darauf, wer das starke Geschlecht ist und wer das schwache.

Vielleicht haben all die Imponier- und Herrscherallüren des Mannes ihren tiefen Sinn. Wenn sie wegfallen, untergraben oder erfolgreich bekämpft werden, tritt eine zarte, dünnhäutige, labile und schwankende Existenz zutage, die sich anlehnen möchte und muss. Hier wird die Frau schließlich als Pflegerin gebraucht. Sie soll trösten und auffangen, vermitteln und heilen. Männer halten viel weniger seelische und gesundheitliche Belastung aus, sind schmerzempfindlicher und tiefer in ihrem Selbstwertgefühl zu verletzen, sind krankheitsanfälliger und mehr vom Tode bedroht, zum Beispiel durch den Herzinfarkt, der gerade die Tüchtigen und Vielbeschäftigten am meisten gefährdet. Nun weiß man wirklich nicht mehr, was man sich wünschen soll: einen starken oder einen schwachen Mann. Beides kann gefährlich und schädlich sein. Am besten, man nimmt ihn, wie er ist, mit seinen Stärken und Schwächen; denn es gibt keinen besseren.

Zugestanden: Alles kann auch genau umgekehrt sein. Die Schuhe, die man sich anzieht, sind austauschbar, manchmal zum Verwechseln ähnlich; die Fehler des einen sind die Fehler des andern. Aber einiges bleibt – wie immer im Leben – an jedem hängen. Man sollte Fehler nicht übersehen und rechtzeitig erkennen. Denn in einer Partnerschaft – das darf nie vergessen werden – ist der eine nur glücklich, wenn auch der andere glücklich ist. Um die Schwächen sollte man vor der Ehe wissen.

Zum »Denken vor der Ehe« sind daher solch offenherzige Äußerungen angebracht und förderlich (auch wenn der Autor mit Prügeln zu rechnen hat). Sicher sind noch mehr Pfeile im Köcher; aber es reicht, um zu verdeutlichen, dass ein Spannungsverhältnis zwischen Mann und Frau gegeben ist. Das wird auch weiterhin bestehen. Denn Liebe ist das stärkste Band, das Band, das am meisten scheuert und am längsten hält. »Die Liebe in der Ehe ist wie ein Zündholz: Ohne Reibungen brennt sie nicht richtig« (Willy Reichert).

Frauen und Männer sind nun mal wesensmäßig unterschiedlich und haben neben ihrer Schokoladenseite sichtbare und unsichtbare, zugegebene und nicht eingestandene Fehler und Mängel. Von vornherein passt niemand gleich richtig zum andern. Harmonie ist das Ergebnis von Arbeit und Anstrengung, von Mühe und Verzicht. Zweisamkeit entsteht nicht über Nacht und fällt nicht vom Himmel. Mit Energie haben beide daran zu arbeiten. Eine Frau begreift das eher. Alles hängt davon ab, es auch dem Mann begreiflich zu machen, damit er seine Stärke nicht zu sehr ausfährt, um nicht zu tief in seine Schwächen hinabzustürzen. Sich dann »spinnefeind zu sein« hilft nicht, sondern beide müssen erkennen: »Mit unsrer Macht ist nichts getan.« Ehe hat nämlich auch mit Gnade zu tun. Gottes Güte und Nähe standen dahinter. Geduld und Hingabe tragen die Ehe, und von Vergebung lebt sie. Hier schlägt das Herz Gottes, der die Ehe stiftete und segnete. Trotz aller Defizite darf sie Freude sein.

Die Hälfte aller Freuden auf Erden, aber auch die Hälfte allen Unglücks soll dieser Spannung entstammen. Der Krieg der Geschlechter brachte Millionen Opfer, seelisch Verwundete, Verstümmelte und seelisch Tote. Gott will aber, dass alles Liebe wird und zur Liebe führt. »Liebe deinen Nächsten!« Hier ist es der

Mann, die Frau. Die Ehe ist ein Quellgebiet der Freude und der Tragkraft, nicht verbissener Geschlechterkampf. Die sich lieben, schlagen sich Wunden. Immer. Aber die sich Wunden schlagen, heilen sich auch. Wie oft? Immer?

Die Liebe zwischen Mann und Frau braucht Ewigkeit, denn sie kann sich immer nur von Hoffnung nähren. Von immer neuem Beginn. Ein Dichter sagte von seiner Frau nach langer Ehe:

> »Ich bin nicht nur mit ihr verheiratet,
> sondern führe auch eine Ehe mit ihr.
> Sie ist das Herz meines Herzens geworden.
> Sie hat immer eine Hoffnung.
> Es ist die Hoffnung auf Erlösung.

Für Mädchen ändert sich mehr

Dieses Kapitel ist vor allem für den weiblichen Teil einer Partnerschaft geschrieben, denn für ihn bedeutet die Ehe meistens den tieferen Einschnitt. Das muss nicht sein oder jedenfalls nicht so sehr, wenn sie eine vollwertige, abgeschlossene Ausbildung hinter sich und eine sichere berufliche Laufbahn vor sich hat, von der sie auch durch die Ehe nicht abgebracht werden soll und will. Wenn es so ist, würde es heißen, dass beide sich die Hausarbeit teilen, dass nur wenige oder keine Kinder kommen und wirklich gleichberechtigte Partnerschaft herrscht. Dies ist bis heute eindeutig die Ausnahme.

Die meisten Mädchen haben eben keine gleichwertige Ausbildung und oft gar nicht den Wunsch, voll im Beruf aufzugehen. Sie freuen sich auf Ehe, Familie, Mutterschaft und sind bereit, dafür auch ihre persönliche Karriere und Wünsche zurückzustellen, selbst wenn sie es nachher bereuen sollten. Jedenfalls steht nur das Mädchen in dem typischen Dilemma zwischen Sicherheit und Freiheit, zwischen Familie und Beruf. Und wer seine Unabhängigkeit zu sehr betont, wirkt leicht abschreckend auf viele Männer, verhält sich vielleicht auch zu herausfordernd, zu spitz und landet häufig zwischen den Stühlen beider Welten. So entscheiden sich instinktiv die meisten für Anpassung, Liebreiz und den Wunsch, eine Frau zu sein und der Familie zu gehören, sich vielleicht sogar unterzuordnen, um die Atmosphäre familiärer Geborgenheit zu garantieren. Diese Garantie jedoch gibt es nicht in einer Zeit, in der jede dritte Ehe geschieden wird und von den übrigen wahrscheinlich auch nur jede zweite glücklich ist.

Die alte Sicherheit ist verloren und eine neue, umfassende Freiheit, für die es sich lohnte, noch nicht gewonnen. Das muss einem Mädchen ganz klar sein, ehe es sich für die Ehe entscheidet. Es muss wissen: Kann ich mich auf ihn, aber genauso auch auf mich verlassen? Füllt mich die Aufgabe auf Dauer wirklich aus? Was kann ich mir ergänzend ausbauen? Wo liegen meine Stärken, wo meine Schwächen? Passen wir nach Interessen, Bildungsgrad, Einstellungen, Selbständigkeit, Wirtschaften, Wohnen, Geschmack, Weltanschauung, Partnerschaft, Kindererziehung usw. wirklich zusammen? Lassen sich die bestehenden Differenzen überwinden, oder werden sie lebenslang anhalten?

Wenn Schwächen und Fehler, störende Gewohnheiten und ärgerliche Verhaltensweisen schon am Anfang der Partnerschaft auftreten, heißt es, behutsam und vorsichtig zu sein und zu versuchen – wenn überhaupt die Chance besteht –, diese abzubauen und sie sich dem andern zuliebe abzugewöhnen. Und dieses Bemühen ist natürlich am Anfang einer Beziehung eher möglich als nach langen Jahren der Gewohnheit. Deshalb dürfen die Fehler nicht zu schwerwiegend und die Schwächen nicht zu grundsätzlich sein, weil sonst die Befürchtung besteht, dass sie sich einschleifen und mit der Zeit sogar noch verfestigen und vertiefen.

Auch die rechtliche Unsicherheit ist für denjenigen in der Ehe, der seinen Beruf einschränkt oder aufgibt, immer größer. Aus diesem Grunde haben Juristen sich auch Lösungsmöglichkeiten überlegt, im Falle eines Scheiterns der Ehe die rechtliche Sicherheit zu verbessern.

Solange sich Verlobte in Vorfreude auf ihre Hochzeit im siebten Himmel wähnen, wird keiner von ihnen gern zu den Gesetz- und Verordnungsbüchern greifen, in denen die Regeln für eine gültige Eheschließung abgedruckt sind. Wenn das auch verständlich erscheint für junge Liebende, die sich im Überschwang ihrer gegenseitigen Zuneigung eine Abkühlung der Beziehungen genauso wenig vorstellen können wie daraus immer wieder entstehende Konflikte, so sollten die Erfahrungen anderer auch schon Verlobte aufhorchen lassen, erst recht Eheleute, die bereits die ersten Belastungen einer sonst noch intakten Ehe verspüren.

Selbst wenn Vereinbarungen zwischen Eheleuten in vieler Hinsicht den Anschein haben, als werde in ihnen Selbstverständliches geregelt, so erweist sich die Niederlegung von solchen Selbstverständlichkeiten in schriftlicher Form gerade immer dann noch als Klammer zwischen Eheleuten, wenn Selbstverständliches zu Nichtverständlichem wird, wenn Unstimmigkeiten sich einstellen und feine Risse in der Gemeinschaft erkennen lassen.

In neuerer Zeit wird bereits eine Ausweitung des vermögensrechtlichen Ehevertrags zum gemischt vermögens- und personenrechtlichen Vertragstyp diskutiert. Hier geht es darum, dass neben Unterhalts-, Güterstands- und Erbrechtsvereinbarungen auch Fragen des Eheleitbildes und des Scheidungsrechts vertraglich geregelt werden. Unsere Gesellschaft stellt es jedem Paar frei, nach welchem privaten Leitbild es leben will, wie verbindlich das christliche Verständnis der Ehe und deren Unterscheidbarkeit für es sein soll.

Vonseiten des Gesetzgebers bestünde zum Beispiel für junge Paare ohne weiteres die Gegebenheit, dass sie vertraglich vereinbaren, gegenseitig auf die Scheidungsmöglichkeit ihrer Ehe zu verzichten. Ferner könnten sie für alle Rechtsstreitigkeiten in ihrer Ehe den örtlich zuständigen kirchlichen Richter zum Schiedsrichter bestimmen. Das derzeitige Eherecht bietet einen dermaßen großen Spielraum, dass die unterschiedlichsten Überzeugungen vom Wesen und von der Scheidbarkeit der Ehe einen Platz haben. Christen müssen sich nicht nach einer scheidungsfreundlichen, libertinistischen Ehelehre richten. Christen sind nicht genötigt, sich gesellschaftlichen Normen der Gegenwart zu unterwerfen, sondern können biblische Maßstäbe präzisieren und nach geistlichen Prinzipien ihre Ehe ausrichten. Der Gedanke einer »Privatisierung der Ehe« braucht daher nicht Vision zu bleiben, sondern kann unter rechtlichen Gesichtspunkten durchaus in die Praxis umgesetzt werden.

Nicht nur seelische, soziale und rechtliche Probleme stellen sich für die Frau anders dar, auch die biologischen Konsequenzen lassen sich mit denen des Mannes nicht ganz vergleichen. Das hat zwei Gründe: Zum einen werden Mädchen immer noch strenger erzogen; zum anderen sind sie es, die die Folgen sexueller Annäherung überwiegend zu tragen haben. Von beidem muss die Rede sein in einem Buch, das der Vorbereitung auf die Ehe gewidmet ist.

Mit der Heirat beginnt zwar der Ernst des Lebens, aber muss damit die Lust am Leben aufhören? Sicher, wenn man darunter die wechselseitigen Beziehungen zu andern Partnern versteht. Aber die wollen junge Leute ja auch nicht mehr, denn sie haben sich für einen entschieden. Lust am Leben kann man auch zu zweit erfahren.

Wenn beide ihre Liebe zueinander und ihr Glück stets höher stellen als ihre Krisen und Probleme, die der Ehealltag nun einmal mit sich bringt, können sie sie auch erhalten. Viel zu oft werden

Lust und Freude in einer Ehe in den Hintergrund gestellt, weil sie anscheinend vorprogrammiert ist durch irgendwelche Trauersprüche, der eine müsse des andern Last auf ewig tragen. Keine Angst! Liebe hat so unendlich viele Dimensionen, die beide Partner ein ganzes Leben lang umgeben können. Und Gott sei Dank ist es heute nicht mehr nötig, sich für die sinnlichen Stunden der Liebe eine außereheliche Beziehung zu suchen. Die eigene Frau ist heutzutage nicht mehr wie früher nur zum Kindergebären da, sondern auch, um mit ihr – ja gerade mit ihr! – in der Ehe in sexueller Hinsicht das höchste Glück zu erfahren.

Nach Meinung des Publizisten Friedrich Sieburg ist die Frau in der Ehe ohnehin »der leidtragende Teil«. Er schreibt: »Keine noch so fortschrittliche Ehegesetzgebung kann die körperliche Abhängigkeit der Frau aus der Welt schaffen. Es ist Sache des Mannes, aus dieser Tatsache keine Demütigung werden zu lassen. Aber wieviel Reife gehört dazu, wieviel Zartheit und – sagen wir es doch ruhig – wieviel Liebe! Es wäre vermessen zu behaupten, dass es an Liebe fehlt; aber je tiefer wir ins männliche Zeitalter einrücken, um so unreifer zeigt sich der Mann, um so geringer wird seine Fähigkeit, in der intimen Sphäre jene Reife zu beweisen, die notwendig ist, um die geliebte Frau im Augenblick der Umarmung zu sich selbst zu bringen. Seine Männlichkeit bewährt sich im öffentlichen Leben, sie ist ein unentbehrlicher Faktor der großen Weltspannungen, die ihn zu dem Aberglauben verleiten, dass seine Natur sich im Waffentragen, im geschäftlichen Erfolg und in den öffentlichen Angelegenheiten am besten erfülle. Das heutige Leben des Mannes ist fortwährendes Außersichsein, der Bezirk der Liebe erscheint ihm eng, von Gefühlen bestimmt – mit einem Wort: unheroisch. So geschieht es denn, dass er die gebrechliche Problematik der Umarmung nicht begreift und die Frau nicht aus ihrer Abhängigkeit zu erlösen versteht. Das ist der unbewusste Missbrauch, den der Mann mit seiner erotischen Autonomie treibt. Die Lust ist ihm sicher, wie wenig er bei ihrer Erlangung auch an die Frau denken mag, auf deren erotische Antwort er ja im Körperlichen nicht zu warten braucht . . . Dem männlichen Trieb ist ein Egoismus verliehen, der nur durch intensives Denken an die Frau überwunden werden kann. Ja es ist nötig, die Vorstellung herbeizurufen, dass der Geschlechtsakt des Mannes unwürdig ist, solange die Frau nicht ihren vollen und gleichen Anteil an der Erfüllung hat. Man kann nur behutsam von diesen Zusammenhängen sprechen, nicht nur, weil sie an die Grenzen des Schamgefühls rühren, sondern vor allem, weil sie ahnen lassen, wieviel Demütigungen subtilster Art die Frau zu erleiden hat, wenn der Mann sich falschen Vorstellungen von seinen männlichen Rechten hingibt. Die Bitterkeit und Rastlosigkeit, von der die schlechtgeliebte Frau sich wie von einer Säure durchdrungen fühlt, wird nicht immer als Folge des männlichen Verhaltens erkannt, sondern häufig auf das Leben schlechthin geschoben, das die Lose ungleichmäßig verteilt und vielen Frauen sinnlos das zu versagen scheint, was sie anderen gewährt . . .

Warum sind diese Augen lachend, diese Züge entspannt, während aus jenen mit Schärfe die Schwierigkeiten des Daseins sprechen? Warum zieht diese Frau, ohne einen Finger zu rühren, die männliche Bewunderung auf sich, während jene unbeachtet bleibt? Warum hier Harmonie, die das Gesicht prägt und sogar in der Kleidung zum Ausdruck kommt, und dort physisch sichtbarer Missmut, fatale Angespanntheit oder träge Resignation? Die ganze Skala weiblichen Kummers schwingt in diesen Fragen mit, und jede Frage ist eine unbewusste Anklage gegen den Mann, der es vielleicht nicht an Zuneigung, wohl aber an erotischer Humanität hat fehlen lassen und seinen Zärtlichkeiten nicht jene lösende Kraft zu geben verstand, ohne die eine Frau das Leben nicht liebbehalten kann. Die Sexualwissenschaft nennt wahrhaft erschreckende Zahlen, wenn sie die angebliche Geschlechtskälte der Frau beschreibt. Haben wirklich so wenige Frauen in unserer Zeit die Liebeserfüllung kennen gelernt . . .?«

Wenn das so ist, kommt alles darauf an, die sexuelle Begegnung schön und erfreulich werden zu lassen.

An die ersten Intimbegegnungen dürfen keine zu großen Erwartungen gestellt werden. Ganz wichtig ist, dass eine sehr geduldige und liebevolle Einstellung zwischen den Partnern herrscht. Es soll nichts erwartet und nichts erzwungen werden. So können beide gemeinsam die Liebe in ihren schönsten Variationen ergründen und alle Anfangsschwierigkeiten spielend überwinden. Enttäuschungen oder sogar Abscheugefühle stellen sich nur dann ein, wenn der eine vom andern zuviel verlangt. Sie hängen dann oft jahrzehntelang nach, bis sie überwunden werden können.

Ohne Vorbedingungen und Vorbereitungen wird der Höhepunkt einer Liebesbeziehung, der Geschlechtsakt, kaum gelingen. Das erfordert Zeit, die sich beide Partner nehmen sollten, damit sie sich aufeinander einstellen können. Zärtlichkeiten werden ausgetauscht, die durch Worte, Blicke oder Berührungen die Gefühle beider zum Ausdruck bringen. Dazu kann eine intime Atmosphäre viel beitragen. Auch ein gutes Essen bei Kerzenschein, ein Abend in einer gemütlichen Weinstube kann genug Anregung für eine Intimbegegnung geben. Dabei ist es jedoch ratsam, darauf zu achten, dass alles in Maßen gehalten wird; denn oft ruft zuviel Alkoholgenuss Müdigkeit herbei, oder in manchen Fällen kann die Potenzfähigkeit darunter leiden, was ja nicht Sinn der Sache ist.

Männer wollen oft gleich »aufs Ganze« gehen. Trotzdem sollten sie sich viel Zeit für ein Vorspiel nehmen, das auch bei der Frau die Lust steigert und schließlich beiden zugute kommt.

Wichtig ist vor allem auch, dass die Frage der Verhütung rechtzeitig vor dem Liebesspiel geklärt ist und nicht erst auftaucht, wenn beide schon fast nicht mehr zurück können. Durch diese Störungen, die unmittelbar vor dem eigentlichen Geschlechtsakt auftreten, können die Gefühle beider jäh erkalten, und ein Höhepunkt wäre kaum noch möglich. Das kommt vor allem bei der Frau häufiger vor. Der männliche Partner ist zwar leichter erregbar, ist aber auch eher fähig, seine Gefühle durch Ablenkung zu unterdrücken.

Beide Partner erleben den Liebesakt gemeinsam, aber jeder auf seine Weise. Auch wenn sie beide zueinander finden, ineinander aufgehen, ist es doch schwierig, wechselseitig die Erlebnisse des andern zu beschreiben.

Während beim Mann das sexuelle Verlangen nur an seinem Genital erregt wird, verbreitet sich bei der Frau die Erregung über den ganzen Körper. Jedes kleine Streicheln auf der Haut – an manchen Stellen besonders stark – wirkt bei ihr erregend –, was aber nicht heißen soll, dass es dann immer zu einem vollendeten Geschlechtsakt kommen muss. Diese Annäherungen geben ihr jedoch Wärme und Geborgenheit, die sie sucht, sie erregen und schließlich zum Liebesakt bereit machen. Der Mann dagegen hat oft eine Haltung, in der er sich beweisen will und die auch stärker als bei der Frau vom sexuellen Triebdruck gesteuert wird. Außerdem ist zu berücksichtigen, dass die Frau – entgegen dem Mann – nicht immer zum Orgasmus kommt, ja viele erleben nie den Höhepunkt. Das hängt von der Art und der Länge des Vorspiels sowie ihrer Aufgeschlossenheit und ihrer Bereitschaft zum Lieben ab. Es ist ein Unterschied, ob sie ihm nur einen »Gefallen« tun will oder ob sie den Akt aus Liebe vollzieht.

Die Dauer für den Liebesakt wird niemand vorschreiben können, aber wenn sich beide lieben, werden sie sich gerne viel Zeit dafür nehmen, die beiden nicht zu lang wird. Nach einem anstrengenden Arbeitstag wird er nicht so ausgedehnt verlaufen wie am Wochenende oder gar im Urlaub, wenn beide Partner über mehr Zeit verfügen und zudem noch ausgeruht sind. Hier kann sich die Begegnung schon eher über einen ganzen Tag oder eine ganze Nacht hinziehen mit all ihren unendlich vielen Variationen, die immer aufs Neue reizvoll gestaltet werden können.

Die Sexualorgane dienen nicht nur der Fortpflanzung, sondern sind auch Sinnesorgane mit höchsten Lustgefühlen. Sogar von Sprachorganen kann man hier reden, weil sie die Liebe eines Menschen auch durch Worte nicht besser ausdrücken könnten und einer Ehe einen intimen Wert geben. Schon aus diesem Grunde ist das Annähern im Vorspiel mit seinen vielfältigen Möglichkeiten genauso wichtig wie die Liebkosung nach dem Akt. Sonst wäre alles reine Selbstbefriedigung und Abreaktion.

Liebe und Sex sind nicht dasselbe, auch wenn sie leicht verwechselbar erscheinen. Liebe sagt ja zu allem, auch zu einem Kind.

Manchmal bekommt man den Eindruck, als seien Kinder kein Segen, sondern eine Strafe. Eins steht fest: Kinder sind immer ein Kostenfaktor gewesen und für viele Menschen ein Risiko, sie sich anzuschaffen. Sagen wir dennoch ja zu einem Kind, denn es entspringt unserer Liebe zum Ehepartner! Außerdem sind es meistens die Kinder, die eine Ehe zusammenhalten oder sie wieder kitten, wenn diese einen Riss erhalten hat. Wie oft wird der Wunsch geäußert: »Ich möchte als Beweis deiner und meiner Liebe ein Kind von dir«! Schade, dass unsere Gesellschaft oftmals so kinderfeindliche Bedingungen hat, sei es, dass Kinder der Karriere schaden oder dergleichen. Aber wir sollten uns hier nicht anpassen. Im Gegenteil! Wenn wir unsere Liebe bejahen, dann haben wir davon so viel, dass sie für gemeinsame Kinder reicht.

Verantwortliche Elternschaft

Liebe ist das Erste. Nicht die Ehe erzeugt Liebe, sondern die Liebe wird zur Ehe. Nur Liebe rechtfertigt die Ehe, nicht die Annahme, dass in der Ehe die vollkommenste Verwirklichung des Sexuallebens möglich sei. Selbst ein vorzeitiges, versehentliches Kind rechtfertigt grundsätzlich noch nicht die Ehe. Ehe wiederum führt normaler- und natürlicherweise zur Elternschaft.

Selbstverständlich sei berücksichtigt, dass es auch eine ungewollte, biologisch bedingte Kinderlosigkeit gibt. Das aber ist für die beteiligten Eheleute eher Schmerz und Leid. Darum: Menschlich gewollte und ohne zwingenden Grund unbegrenzt herbeigeführte Unfruchtbarkeit widerspricht dem Sinn der Ehe.

Neues Leben ist ein Wunder und ein Geheimnis, für viele Eltern Glück und Erfüllung. Dennoch schätzt man, dass ein Großteil aller Kinder zum Zeitpunkt der Empfängnis oder gar der Geburt nicht erwünscht sind. Etwa die Hälfte der Nichterwünschten wird später von Vater und Mutter innerlich angenommen.

Kinder brauchen für die Ichfindung als Junge oder als Mädchen die Bestätigung durch die Eltern. Nicht jedes gewünschte Kind entspricht den Träumen der Eltern. Der Junge sollte vielleicht ein Mädchen sein oder das Mädchen eigentlich ein Junge. Solche Enttäuschungen können bewirken, dass Kinder in ihrer Geschlechtsrolle schwerer angenommen werden. Sie haben es dann mitunter später nicht leicht, sich in ihrer speziellen Anlage als Junge oder als Mädchen zu bejahen. Um des jungen Lebens willen sollten sich Eltern dem ungeborenen und dem geborenen Leben gegenüber unvoreingenommen verhalten. Schlägt sich die Enttäuschung auf das Kind nieder, so kann das lange Jahre nachwirken und Komplikationen im Reifen und Werden des jungen Menschen herbeiführen. Es gibt Menschen, die nie zur Bejahung ihres eigenen Geschlechts kommen, Transvestiten werden oder eine Geschlechtsumwandlung vortäuschen oder vornehmen.

Jungen Ehepaaren rate ich, die Wahl des Zeitpunkts der Empfängnis des ersten Kindes offen zu besprechen. Erst müssen die beiden Ehepartner zu einer seelischen Harmonie zusammenfinden. Durch eine zu rasch eintretende Schwangerschaft wird der Prozess der Harmonisierung manchmal abgebrochen, ehe man sich richtig kennen gelernt und zueinandergefunden hat. Es ist nicht gut, wenn eine Frau bereits in der ersten überschwänglichen Phase schwanger wird. Sie wird dann von zu vielen Einflüssen erschüttert. Erst muss die Zweisamkeit gelingen, ehe es zur Dreisamkeit kommen sollte. Im Blick auf eine optimale Entwicklung der Ehe und Familie zahlen sich Ruhe und Geduld mehr aus als Hektik und Überstürzung. Jede junge Frau braucht Zeit, das neue körperliche Erlebnis zu verkraften. Es ist für sie nicht nur sexuelles Neuland, sondern auch eine seelische Umstellung. Die intime Begegnung soll ja nicht zum Trauma oder zum notwendigen Übel werden. Sie ist keine lästige Pflicht, die mühsam zu erdulden wäre. Hingabe und Freude des leiblichen Geschenkes bedürfen der Ruhe und des Einfühlungsvermögens. Eine gegenseitige Beglückung soll zur Entspannung und zum Frieden führen, nicht Weh und Martyrium sein. Der göttliche Fluch gilt zwar, dass Frauen ihre Kinder unter Schmerzen gebären sollen, aber nicht, dass sie diese auch unter Schmerzen zeugen müssen. Die Angleichung der Gefühle ist notwendig und die Abstimmung des Paares unverzichtbar. Es genügt nicht, zu heiraten, eine Ehe einzugehen, sondern Mann und Frau müssen miteinander verwandelt werden zu »ehelichen Menschen«.

Es ist sowohl für die Eltern als auch für das Kind wichtig, dass die Empfängnis zu einem Zeitpunkt im Leben der Mutter stattfindet, zu dem sie physisch und psychisch für eine Schwangerschaft bereit ist. Jede Frau, die eine Schwangerschaft plant, sollte dafür sorgen, dass sie bereits vor der Empfängnis in bester körperlicher und seelischer Verfassung ist. Verantwortliche Elternschaft umschließt auch die Bejahung eines möglichst positiven Lebensraumes für das Kind, der für dessen Persönlichkeitsentfaltung entscheidend ist. Dabei sollte der Geburtenabstand verantwortlich gewählt sein. Der Wille zum Kind erfordert das Erfragen des Willens Gottes, da letztlich die Eltern nicht die Schöpfer neuen Lebens sind, sondern Gott allein dieses Schöpfungswerk vollbringt.

Auf mancherlei Gebieten unseres Lebens sind Gewissensentscheidungen geboten. Das gilt auch einer verantwortlichen Elternschaft. Niemand wird darum herumkommen, sein Familienleben in Besonnenheit und mit den Methoden zu regeln, die ihm vor Gott und seinem Gewissen recht erscheinen. Das gehört zur Mündigkeit, zur Verpflichtung und zur Würde des Menschen. Der individuelle Spielraum, der sicherlich bei jedem andere Grenzen hat, die ihm durch Umstände und Verhältnisse gesteckt sind, muss auch für die Art der Familienplanung gelten. In diesem ureigensten Verantwortungsbereich kann niemand dem Einzelnen, weder im Grundsätzlichen noch in der Methode, die persönliche Gewissensentscheidung abnehmen. Vernünftige Überlegung und Leitung durch den Geist Gottes widersprechen einander nicht. Im Gegenteil! Das Neue Testament fordert im Blick auf Ehefragen und Empfängnisregelung geradezu zur Vernunft auf (1. Petrus 3,7: »Ihr Männer, wohnet bei ihnen mit Vernunft und gebet dem weiblichen als dem schwächeren Werkzeuge seine Ehre«).

In jeder Ehe wird heute Empfängnisregelung in dieser oder jener Form praktiziert. Auch strikte Enthaltsamkeit ist Empfängnisverhütung. Für den Christen sind oftmals Glaubens- und Gewissensfragen damit verbunden. Eine gehorsame Abhängigkeit von Gott verwehrt uns, nach eigenem Belieben zu entscheiden, ob und wieviel Kinder uns als Geschenk zugedacht sind. Dennoch ist durch bedingungslosen Gehorsam Gott gegenüber die Frage der Elternschaft und der Kinderzahl nicht gelöst. Die Meinung, Gottes Berufung und Führung schließe eigene verantwortliche Entscheidungen aus, kann ein gefährlicher Irrtum sein. Der Wille zum Gehorsam enthebt uns nicht der persönlichen Verantwortung. Manche Eheleute lehnen jede Einflussnahme auf den natürlichen Lauf der Dinge kategorisch ab. Sie glauben, dass allein auf diese Weise Gottes Wille geschieht. Ich erinnere noch einmal daran, dass den Ehemännern durch die Heilige Schrift gesagt ist, dass der Umgang mit ihren Frauen auch von der Vernunft her seine Regelung finden soll. Wer bei der Frage der Elternschaft alle vernünftigen Überlegungen ausschließt, läuft in besonderer Weise Gefahr, Gottes Willen zu verkennen und sich von unnüchternen und unkontrollierten Gedanken und Empfindungen bestimmen zu lassen. Aus der Verpflichtung des Gehorsams gegen Gott erwächst daher das Recht, ja die Pflicht zu einer verantwortlichen Regelung der Empfängnis.

Rechtliche und geistliche Argumente

Juristische Aspekte für Heirat und Ehe

Rechtswirkungen einer Verlobung

Das Verlöbnis bildet das Vorstadium zur Ehe. Unter dem Begriff *Verlöbnis* versteht man einmal das gegenseitig gegebene Versprechen künftiger Eheschließung, die Verlobung, zum anderen das durch dieses Versprechen begründete familienrechtliche Verhältnis, den Brautstand.

Die Verlobung bedarf keiner besonderen Form. Der Austausch von Verlobungsringen oder das Verschicken von Anzeigen ist kein Wirksamkeitserfordernis.

Die rechtliche Bedeutung des Verlöbnisses ist gering. Insbesondere gewährt die eigentliche Verlöbnisverpflichtung, »das Versprechen der Eheschließung«, keinen einklagbaren und vollstreckbaren Anspruch auf Trauung. Eine gerichtliche Verurteilung zur Eingehung einer Ehe ist nicht zulässig. Ebensowenig ist eine Vertragsstrafe wirksam, die für den Fall vereinbart wird, dass die versprochene Eheschließung unterbleibt. Außerdem entstehen durch ein Verlöbnis keine Unterhaltspflichten.

Allerdings geht das Gesetz davon aus, dass die Verlobten in gewissem Sinne bereits zueinandergehören, und verbindet mit dem Verlöbnis trotz seiner leichten Auflösbarkeit einige Privilegien:

Das Verlöbnis begründet zwar kein gesetzliches Erbrecht, die Verlobten können aber unter den erleichterten Voraussetzungen wie Ehegatten Erbverträge und Erbverzichtsverträge abschließen.

Auch Verträge zur Regelung des Güterstandes der künftigen Ehe dürfen bereits geschlossen werden.

In manchen Gerichtsverfahren haben Verlobte ein Zeugnis- und Eidesverweigerungsrecht.

Die Kinder aus einer Verbindung von Verlobten gelten als nichtehelich, solange die Eheschließung der Eltern nicht erfolgt ist. Das Kind bzw. sein gesetzlicher Vertreter kann aber die Ehelicherklärung beantragen, wenn das Verlöbnis durch den Tod eines Elternteils aufgelöst worden ist.

Der Rücktritt vom Verlöbnis ist jederzeit durch einseitige Erklärung möglich. Im Regelfall können die Verlobten die gegenseitigen Geschenke zurückfordern. Unter Umständen ist derjenige Verlobte, der das Verlöbnis löst, schadenersatzpflichtig, wenn er keinen »wichtigen Grund« für seine Entlobung vorbringen kann. In solch einem Fall muss er eventuell seinen ehemaligen Verlobten für Vermögensaufwendungen oder -einbußen, die im Vertrauen auf die versprochene Eheschließung erfolgt sind, entschädigen.

Das Eheverbot der Verwandtschaft und Schwägerschaft

Das Ehegesetz bestimmt, in welchen Fällen eine Eheschließung nicht erfolgen darf. Im Mittelalter und in der frühen Neuzeit bildeten die Ehehindernisse einen Schwerpunkt des gesamten Eherechts. Ab etwa Ende des 18. Jahrhunderts wurde das Ehehindernisrecht weiter abgebaut. Seit dem Inkrafttreten des ersten Gesetzes zur Reform des Ehe- und Familienrechts im Jahre 1977 gibt es nur noch zwei gesetzliche Eheverbote: die Ehe zwischen Personen, die in gerader Linie verwandt oder verschwägert sind, und die Doppelehe. Das Ehehindernis der Verwandtschaft und Schwägerschaft ist heute auf einen engen Personenkreis beschränkt. Es besteht

a) zwischen allen Blutsverwandten in gerader Linie (Großeltern, Eltern, Kindern, Enkeln usw.);
b) zwischen Geschwistern, gleichgültig, ob sie beide Elternteile oder nur einen Elternteil gemeinsam haben;
c) zwischen Personen, die in gerader Linie miteinander verschwägert sind (Schwiegereltern/Schwiegerkinder, Stiefeltern/Stiefkinder). Von diesem Eheverbot der Schwägerschaft kann das Vormundschaftsgericht Befreiung erteilen.

Eine Ehe soll nicht geschlossen werden zwischen Personen, deren Verwandtschaft oder Schwägerschaft durch Adoption begründet worden ist und noch besteht. Aber auch von dieser Regelung kann das Vormundschaftsgericht Befreiung erteilen. Andere Verwandte oder Verschwägerte dürfen miteinander die Ehe schließen. So darf der Onkel seine Nichte, der Vetter seine Kusine, der Mann die ehemalige Frau seines Bruders, die Stiefschwiegermutter den ehemaligen Mann ihrer Stieftochter heiraten.

Das Verhältnis der standesamtlichen zur kirchlichen Trauung

Nach geltendem staatlichem Eherecht stellt allein die vor einem Standesbeamten geschlossene Ehe eine wirksame Eheschließung dar. Die kirchliche Trauung hat keine bürgerlich-rechtlichen Wirkungen für die Ehe. Die kirchliche Trauung darf im Übrigen – von seltenen Ausnahmen abgesehen (zum Beispiel lebensgefährliche Erkrankung eines Verlobten) – nicht vor der standesamtlichen Eheschließung vorgenommen werden.

Dieses so genannte Prinzip der »obligatorischen Zivilehe« wurde durch das Personenstandsgesetz von 1875 im gesamten Reichsgebiet eingeführt. Bis zu diesem Zeitpunkt hatte die kirchliche Trauung gleichzeitig die Wirkung bürgerlicher Eheschließung gehabt.

Die Kirche hat zwar jede nach staatlichem Recht wirksame Ehe verbindlich zu respektieren, zur Einsegnung jeder zivilrechtlich gültigen Ehe ist sie aber nicht verpflichtet. Vor allem auf dem Gebiet des Mischehen- und des Scheidungsrechts haben die einzelnen Gliedkirchen der EKD in ihren Lebensordnungen oder besonderen Trennungsordnungen Gründe für die Versagung der Kirchentrauung normiert.

Die katholische Kirche hat ihr Eherecht in ihrem Gesetzbuch Codex Juris Canonici vom Jahre 1983 niedergelegt und besitzt eine eigene Ehegerichtsbarkeit. Das Eherecht regelt im Einzelnen, unter welchen Voraussetzungen ein katholischer Pfarrer zwei katholische Christen oder einen katholischen Christen und einen Nichtkatholiken trauen darf. Eine vor einem katholischen Pfarrer geschlossene kirchliche Ehe kann nicht geschieden, sondern nur unter wenigen strengen Voraussetzungen von einem katholischen Ehegericht für unwirksam erklärt werden.

Das Zusammenleben in einer nichtehelichen Lebensgemeinschaft ist jederzeit frei aufkündbar. Lösen die Partner ihre Verbindung auf, insbesondere weil ein Teil den anderen verlässt, findet für die bis zur Trennung erbrachten Leistungen in der Regel kein Ausgleich statt. Das gilt selbst dann, wenn ein Teil erheblich mehr für den andern (Teil) aufgewendet hat als dieser für ihn. Denn nach der höchstrichterlichen Rechtsprechung wird eine eheähnliche Gemeinschaft vor dem Grundsatz beherrscht, dass die von den Partnern zur Verwirklichung ihrer Lebensgemeinschaft erbrachten Leistungen nicht gegeneinander abgerechnet werden können. Etwas anderes kann sich nur aus einer besonderen Vereinbarung ergeben, wenn zum Beispiel die Partner miteinander einen Mietvertrag oder eine Unterhaltsvereinbarung geschlossen haben oder der eine dem andern ein Darlehen gegeben hat. Daher hat etwa ein finanzieller Ausgleich stattzufinden, wenn die Partner über das Zusammenleben hinaus einen gemeinschaftlichen Wert geschaffen haben, der ihnen nach ihrer Vorstellung gemeinsam gehören sollte. Zu einem Ausgleich kommt es außerdem, wenn zum Zeitpunkt der Auflösung der nichtehelichen Lebensgemeinschaft der eine Teil noch aus einem über den Trennungszeitpunkt hinausgehenden Kredit verpflichtet ist, der für einen Vermögensgegenstand aufgenommen wurde, dessen Nutzen nach der Trennung allein dem andern Teil verbleibt. Ein typisches Beispiel ist die Finanzierung von Pkw-Käufen. Oft wird der Kredit von einem Partner aufgenommen, damit sich der andere davon ein Fahrzeug anschaffen kann. Benutzt dieser den Pkw nach der Trennung weiter, während der ehemalige Partner als Kreditschuldner die noch ausstehenden Darlehensraten bezahlen muss, so kann Letzterer diese Beträge erstattet verlangen.

Streitigkeiten bei der Abwicklung nichtehelicher Lebensgemeinschaften nach ihrer Auflösung lassen sich am wirksamsten dadurch vermeiden, dass schon zu Beginn der Verbindung entsprechende Vereinbarungen getroffen werden. Solche Partnerschaftsverträge empfehlen sich für die gemeinsame Wohnung und bei größeren Vermögenszuwendungen, zum Beispiel bei Finanzierung eines Pkw oder einer größeren Reise.

Endet die nichteheliche Lebensgemeinschaft durch den Tod eines Partners, so hat der andere weder ein gesetzliches Erbrecht noch einen Pflichtteilsanspruch gegen die gesetzlichen Erben, auch wenn der Nachlass im Wesentlichen aus Vermögenswerten besteht, die von ihm eingebracht wurden. Um finanzielle Nachteile dieser Art auszuschließen, empfiehlt es sich, dass jeder Lebenspartner den andern testamentarisch zum Erben bestimmt oder ihm ein Vermächtnis aussetzt. Durch ein Testament kann aber nicht verhindert werden, dass die Eltern des Verstorbenen gegenüber dem Erben den Pflichtteil geltend machen, was zur Folge hat, dass sie in jedem Falle die Hälfte des Vermögens verlangen können.

Im staatlichen Recht hat also die Ehe gegenüber einer eheähnlichen Gemeinschaft auf einigen wesentlichen Rechtsgebieten ganz erhebliche Wirkungen und Vorteile. Sie drücken sich nicht nur im öffentlichen Recht, im Elternrecht, im Sozial- und Sozialhilferecht, in Zahlungen an die Krankenkasse, in der Rentenversicherung oder auch im Zeugnisverweigerungsrecht aus, sondern auch im Steuerrecht.

Biblische Fundierung der ehelichen Gemeinschaft

Aus biblischer Sicht ist die Ehe kein Hobby und keine Interessengemeinschaft. Sie ist auch mehr als bloße Wohngemeinschaft. Bei guter Harmonie kann als Nebenprodukt eine Arbeitsgemeinschaft entstehen, aber sozusagen nur als Zubrot. Denn der Partner ist nicht als Besitz zu betrachten, da dann die Ehe verkümmern würde. Sie ist die intensivste Verbindung, die es zwischen zwei Menschen überhaupt geben kann, eine Gemeinsamkeit, die die Ganzheit beider Personen betrifft. Die eheliche Verbindung ist eine totale, alles umfassende Gemeinschaft, die die einzelnen Lebensbereiche hineinnimmt in eine gemeinsame Verantwortung. Das geschieht sicher nicht automatisch, denn die Ehe ist wie eine Brücke, die man täglich neu bauen muss – am besten von beiden Seiten. Es gilt, von der kindlichen Erwartung Abschied zu nehmen, die Ehe gelänge von selbst. Vielmehr ist sie mit gründlicher Vorbereitung, mit Arbeit und Anstrengung verbunden. Ehe ist wie ein Beruf, allerdings mit noch höheren Anforderungen, längerer Dauer und Verzicht auf Arbeitsplatzwechsel, gleichzeitig nicht frei von Überraschungen und Konflikten. Eine totale »Einschmelzung« beider Partner findet nicht statt, da es auch weiterhin um zwei Persönlichkeiten geht mit jeweils einem individuellen Dasein. Darum ist Ehe auch wie ein Stiefelpaar: Beide sind nicht gleich, aber unvertauschbar eins. Wenn einer dem andern gleich sein möchte, das heißt austauschbar, dann passen sie nicht mehr.

Eine durchgängige Leitlinie zieht sich durch alle biblischen Aussagen über die Ehe. Die Botschaft der Schöpfungsgeschichte deckt sich mit der Verkündung Jesu und den Briefen des Apostels Paulus. »Es ist nicht gut, dass der Mensch allein sei; ich will ihm eine Gehilfin machen, die um ihn sei« (1. Mose 2,18). »So sind sie nun nicht mehr zwei, sondern ein Fleisch« (Markus 10,8). Gott gab dem Menschen ein Gegenüber, einen Gefährten, einen Partner; er gab ihm ein Du. Dieses Du war gleichwertig, aber nicht gleichartig.

Das Du war ihm ähnlich, war ihm vertraut, aber zugleich neu und fremd, immer ein Geheimnis, sein Geheimnis. Gott gibt uns ganz speziell einen Menschen, der für uns gut ist. Er ist für unser gemeinsames Leben ein Auftrag und eine Bestimmung, kein Gesellschaftsspiel.

Mit diesem Partner hat Gott uns den ganzen Menschen gegeben, nicht nur seine Funktion. Es geht nicht nur um Dienstleistungen aneinander, nicht darum, miteinander Funktionen auszuüben. Zwar sind diese notwendig und nicht zu vernachlässigen – etwa der erotische Reiz, die körperliche Gemeinschaft und der Fortpflanzungsauftrag –, aber sollte der andere nur für solche Funktionen gut sein, dann ist seine Aufgabenstellung beendet, ist er für den andern uninteressant geworden, sobald Erwartungen dieser Art nicht mehr erfüllt werden. Durch Krankheit oder Unfall ist das schnell möglich. Der nicht aktionsfähige Partner ist dann reizlos geworden, weil zum Beispiel seine erotische Funktion nicht mehr klappt und gewisse Ansprüche unbefriedigt bleiben. Dann aber hat man nicht ihn selbst geliebt, sondern nur etwas an ihm.

Die Ganzheit des Menschseins in Liebe und Ehe bedeutet mehr: ein einmaliges Zu-dir-Gehören, ein Füreinander-geschaffen-Sein, ein Aufeinander-zugeschnitten-Sein. Das alles ist nicht von vornherein gegeben, sondern ein Prozess des Werdens innerhalb der Ehe. Deshalb ist Ehe am Hochzeitstag oder bei vorzeitiger Intimgemeinschaft so noch gar nicht vorhanden, sondern entsteht erst durch ein längeres Reifungs- und Wachstumsgeschehen im Laufe der Ehejahre und -jahrzehnte, ist ein Ergebnis der gemeinsamen Geschichte, des gemeinsamen Freuens und Leidens. Eine solche Lebensverbindung hat Ausschließlichkeitscharakter und ist nicht teilbar. Darum muss es bei Ehe eigentlich um Einmaligkeit und Unauflösbarkeit gehen. Man formt einander, wird ein Stück des andern. Man wandelt sich auch und wird durch den andern geprägt.

Das »Ein-Fleisch-Sein« geht über eine Geschlechtsgemeinschaft weit hinaus. Es ist die Ganzheit und Gemeinsamkeit von Leib, Seele und Geist gemeint. Hier geht es um wesenhafte Liebe, nicht um schwärmerische Zuneigung oder flüchtige Verliebtheit. Diese Art Liebe ist jenseits von Gefühlsschwankungen verankert und daher »Stiftung Gottes«. Diese Formulierung geht auf Martin Luther zurück, der in seinem »Großen Katechismus« schreibt: »Es ist ein göttlicher Ernst um das eheliche Leben.« Damit will er dokumentieren, dass die Ehe von Gott eingesetzt wurde, ein Geschenk aus seiner Hand ist, eine gute Gabe zum Wohle des Menschen. Sie ist gleichzeitig eine Aufgabe, die das Leben nicht einengt oder verkürzt, auch nicht in ein hartes Joch oder ein feindliches Gesetz spannt, sondern die größtmögliche Chance öffnet für Harmonie und Erfüllung. Die Ehe führt unser Leben in die Freiheit neuer Entfaltung im Rahmen der schöpfungsgebundenen Gegebenheiten.

Ehe wird nicht ohne Anfechtung bleiben. Dafür sorgt schon der naturgegebene menschliche Egoismus. Ehe ist aber kein Egoismus zu zweit. Daran würde schließlich alles zerbrechen. Stattdessen muss Ehe die Bereitschaft einbringen, auch Schweres zu tragen, Krisen zu überwinden und Leid zu überdauern. Natürlich sind Liebe und Ehe immer mit Wagnis verbunden, können sich aber zur gemeinsamen Aufgabe, zur gemeinsamen Verantwortung und zur gemeinsamen Erfüllung entwickeln.

»Wann beginnt eigentlich die Ehe?« fragen ständig junge Menschen. Beginnt sie mit dem Kuss, mit übereinstimmenden Gefühlen, mit dem heimlichen Versprechen oder der ersten intimen Begegnung? Die Ehe ist mehr, als der menschliche Gefühlsbereich verantworten kann. Zum geschlechtlichen Verkehr sind heute Vierzehnjährige durchaus in der Lage. Das kann aber nicht Ehe sein. Ein hormoneller Austausch und die Befriedigung des Triebdrucks kann in keinem Lebensalter die Ehe begründen. Aus biblischer Sicht und im Sozialgefüge einer Gesellschaft hat Ehe immer noch öffentlichen Charakter. Sie bedarf der Sicherheit und Geborgenheit und einer verlässlichen, über den Augenblick hinausreichenden Gestalt. Zum Wesen der Ehe gehören Zuverlässigkeit und Treue, Verbindlichkeit und Verlässlichkeit. Daher drängt alles grundlegend zur institutionellen und rechtlichen Absicherung. Erst der Öffentlichkeitscharakter macht die Verbindlichkeit der Ehe sichtbar. Jedes junge Paar – und nicht nur jedes junge – sollte darauf Wert legen.

Wahrscheinlich braucht die christliche Ehe nicht an starre Zeremonien der Eheschließung gebunden zu sein. »Dennoch lässt sich sagen, was für sie konstitutiv ist, nämlich der gegenseitig bekundete und der öffentlich erkennbare Wille zu einer dauernden Lebensgemeinschaft. Deutlich ist weiter, dass für die Bibel der Vollzug geschlechtlicher Gemeinschaft eingebettet sein muss in eine umfassende und bis ins Rechtliche hinein verbindliche Lebensgemeinschaft. (Darin liegt der Sinn des Trauscheins und analoger Beurkundungen!) Verhältnisse, die nur auf Probe oder zur sexuellen Befriedigung eingegangen werden, entsprechen nicht dem Willen Gottes« (O. Bayer, Theologische Beiträge).

Es kann für den Einzelnen eine große seelsorgerliche Hilfe sein, wenn er im Konfliktfall weiß, dass Gott hinter seiner Ehe steht als ihr Vater, Stifter, Herr und Versöhner. Gottes Geist ist die ordnende und bewahrende Kraft. So geben wir ein Stück der Verantwortung an Gott zurück. Wir selbst sind es nicht, die eine Ehe beginnen; Gott hat sie gewollt. Dietrich Bonhoeffer schrieb: »Menschliche Ehe gibt es, bevor irgendwelche andere Gliederungen der menschlichen Gemeinschaft sich ausgebildet haben. Ehe ist mit der Schöpfung des ersten Menschen gegeben. Ihr Recht ruht in den Anfängen der Menschheit.« Das Ja des Menschen vor dem Traualtar entspricht dem starken Ja Gottes. Seine Verheißung trägt uns und begründet auch die Verantwortung der Ehe. »Wir treten mit unserer menschlichen Eheschließung ein in einen Raum, den Gott jeweils für zwei Menschen offenhält, in den Schutzraum ehelicher Liebe und Treue, der Mann und Frau zusammen bewahren und beglücken will, weil er von den Händen des dreieinigen Gottes gebildet ist und gestaltet wird« (Theo Sorg).

Die Ehe lebt von immer neuem Beginn. Nichts ist endgültig zementiert. Zwar gilt »bis der Tod sie scheidet«, aber dazwischen liegen Eigenheiten, Missverständnisse und Selbstsucht, die Verletzungen des andern und auch bewusste Untreue. Auch ein aufrichtiges Verhältnis zueinander beinhaltet Ungeschicklichkeiten und nicht selten Verführung von außen. Das grundlegende Ja zueinander hat sich zu bewähren und durch Anfechtung und Überwindung hindurchzugehen. Liebe und Treue leben nicht aus sich selbst heraus, sondern wollen erkämpft sein. Der Weg zueinander ist nicht leicht. Das zeigen unendlich schwierige Ehekonflikte. Vertrauen und Vergebung liegen daher eng beieinander, und beide müssen erlernt werden.

Die Ehe wird einmal überholt sein, denn in der Ewigkeit gibt es »weder Mann noch Frau«. Darum kann auch »um des Himmelsreiches willen« (Matthäus 19,12) der Verzicht auf die Ehe geleistet werden. Sie ist ja nicht ein »letzter Wert«. Es sei hier nachdrücklich betont, dass auch der allein stehende Mensch und der ehelose ein vollgültiger Mensch ist. Wenn die Führung in die Ehelosigkeit gegeben erscheint, dann kann das Leben ebenso erfüllend und beglückend gestaltet werden. Es gibt unzählige Männer und Frauen, bekannte und unbekannte, die als Alleinstehende gesegnet sind und soviel Geborgenheit, Väterlichkeit und Mütterlichkeit ausstrahlen wie manch ein Vater und manch eine Mutter nicht. Der Apostel Paulus sieht darum die Ehe im heilsgeschichtlichen Rahmen und im Wesen dieser Welt unter dem Wort von 1. Korinther 7,29: ». . . haben, als hätte man nicht.«

Das Gelingen der Ehe hängt in vielen Fällen von dem Verhalten vor der Ehe ab. Wer im Vorfeld der Partnerschaft sein Gefühlsleben zerstört hat, wird es kaum in der Ehe heilen können. Wer sich vorher seelisch festlegte, auf verschiedene Partner einspielte oder gar auf bestimmte Praktiken fixiert wurde, wird den Ehebeginn nicht als einen Neuanfang empfinden, nicht als einen Lebensabschnitt, der jetzt voller Ursprünglichkeit und charakteristischer Originalität einsetzt. Die Asche des vorehelichen Experimentierens, oft harmlos gedacht und schnell übergangen, klemmt im Getriebe des Neuen und wirkt wie Mehltau auf einer erblühenden Pflanze. Gott ist nicht gegen die Liebe und auch nicht gegen die Sexualität. Er hat beide geschaffen und gewünscht. Gott legte auch das körperliche Begehren schöpfungsgemäß in den Menschen hinein. Er schenkte diese Gaben, die zur Freude und Bereicherung des Lebens beitragen. Das aber zur rechten Zeit, am rechten Ort, mit dem richtigen Partner und in verbindlicher Geborgenheit. Das Leibliche darf nicht vom Seelischen abgetrennt werden. Unpersönliche Sexualität und verfrühtes Intimverhalten sind geeignet, Störungen des Gefühlsempfindens und der Persönlichkeit hervorzurufen. Blockierungen in der jungen Ehe sind sehr oft auf ungute Praktiken und Methoden in der Zeit vor der Ehe zurückzuführen. Eheberater wissen davon und sehen manch eine Ehe gerade in den ersten drei bis fünf Jahren scheitern. Eine ganzheitliche Liebe ist das Fundament zweier Menschen, die die Fülle des Erlebens in letzter Bindung erfahren und das auch vor der Öffentlichkeit durch die Trauung dokumentierten.

Wir benötigen den Mut des Wartens auf den Tag X. Wir brauchen die Kraft der Bindung ohne Einschränkung. Wirkliche Ehe benötigt keine Hintertür für einen eventuellen Ausstieg. Heimliche Hintergedanken unterminieren die eheliche Verlässlichkeit. »Die Treue auf Zeit ist die Lieblosigkeit von morgen. Die Furcht vor dem Ja ist ein verdecktes Nein zum Du. Die entscheidenden Normen des Zusammenlebens haben wir Menschen nicht selber erfunden; wir können sie darum letztlich auch nicht abschaffen. Wir können nur in ihnen glücklich oder gegen sie unglücklich werden« (H. von Keler). Die Jahre vor der Ehe sind eine Zeit der charakterlichen Stabilisierung und des Kontrollierens unserer Gefühle. Das Kanalisieren von Empfindungen ist notwendig, um später dem Ehepartner nicht untragbare Lasten zuzumuten und gewisse Reibungsflächen geradezu zu produzieren. Aufgrund von Disziplin und Verantwortung wird Ehe erst möglich.

Die alte Wahrheit sei nochmals wiederholt: Die Geburt, die Ehe und der Tod lassen sich nicht erproben. Sie sind unwiederholbar und einmalig. Selbst eine zweite Ehe wird niemals der ersten entsprechen. Daher brauchen wir die gesunde Entfaltung der Gefühlswelt und Partnerfähigkeit.

Ich wünsche meinen Lesern von Herzen, dass die Anbahnung von Ehe ohne schmerzliche Erschütterungen und seelische Enttäuschungen vor sich geht, damit keine Verwundungen zurückbleiben, die das spätere Leben belasten. Wer aber dennoch alle roten Ampeln vor der Ehe überfahren hat und in Konflikte und Krisen geraten ist, der sei auf die Korrekturbereitschaft Gottes hingewiesen. Er vermag vergebende Hände aufzulegen und der Neugestaltung des Lebens eine Chance zu geben. Der Apostel Paulus weiß um die Tiefe der Hingabe: »Gebt eure Leiber hin zu einem lebendigen, heiligen und Gott wohlgefälligen Opfer« (Römer 6,12). Der Herrschaftsanspruch Gottes ist unübersehbar. Ein Christ weiß um das Eigentumsrecht Gottes. Wer es ernst nimmt, wird das Herrenrecht Jesu nicht beiseite schieben können, sondern in seine Lebensgestaltung einbeziehen. Wir sind durch Gott Beschlagnahmte. Er will in uns wohnen. Darum spricht die Bibel in diesem Zusammenhang von dem neuen Menschen, von dem Tempel Gottes, in dem er wohnt. Das ist der Adel des menschlichen Lebens. In aller Kümmerlichkeit, Verzagtheit und Schuld sind wir sein Eigentum. Gott ist gegenwärtig, gleichermaßen in unserem Versagen wie auch in seiner Vergebung. Seid ihr beide miteinander schuldig geworden, dann sucht das Angesicht Gottes, dann demütigt euch vor eurem Herrn, dann wagt einen neuen Anfang, dann begrabt das Alte und richtet euren Blick auf das neue Ziel. Mit Gott ist die Ehe eine Dreierbeziehung. Je intensiver die Nähe zu Gott sich gestaltet, desto stabiler wird die Ehe. Probiert es! Baut die Brücke zu Gott hin – am besten von beiden Seiten. Die Gefährdungen und Krisenursachen sind da. Dennoch sind die Stabilisierungsimpulse und Erneuerungsmöglichkeiten unerschöpflich und überwältigend groß. Die Ehe scheint die dauerhafteste menschliche Gemeinschaft zu sein, die alle anderen übertrifft – an Attraktivität und Stabilität, an Zartheit und Überlebenskraft.

Wovon wir lange träumten

Ein Nachtrag an meine Leser

Wie lange haben wir auf diesen Tag gewartet! In nächster Zeit sollen nun die Hochzeitsglocken läuten. Dann haben wir erreicht, wovon wir immer träumten. Dieser Tag soll einer der schönsten im Leben sein. Ich wünsche es euch allen, dass er zugleich ein Lebensabschnitt der Erfüllung wird, auch wenn Schmerzen und ein gewisses Maß an Auseinandersetzungen nicht ausbleiben werden.

Aber zunächst sollt Ihr euch euren Träumen hingeben. Niemand ist da, der das Glück stören könnte. Es gibt ja so vieles, was noch zu entdecken ist, aneinander und miteinander. Die freien Stunden werdet ihr allein verbringen und sie gemütlich und harmonisch gestalten. Es wird auch Aufregendes geben, Rätselhaftes und nicht zu Vereinbarendes. Bei manch einem Paar zieht der Alltagstrott allzuschnell ein, und die Frage kommt, ob die Zeit, auf die man so sehr hingefiebert hat, derartig schnell vorüber sein kann. Dann steht ihr beide vielleicht ratlos da, seid wütend oder traurig. Komplikationen ergeben sich in der körperlichen Abstimmung, mit der Empfängnisregelung und mit den zu verantwortenden Methoden. Träume werden jetzt zum Trauma. Die Beziehung zueinander scheint geschwächt und die Liebe zueinander verblasst. Wenn ihr – aus welchen Gründen auch immer – diese Krise bemerkt und keine Brücke zueinander findet, dann sucht vertrauensvoll eine geeignete Eheberatungsstelle auf. Sucht euch einen Seelsorger, der sich sachlich auskennt und geistliche Tragkraft besitzt. Wenn man es zu zweit nicht mehr schafft, dann braucht man die Hilfe und Vermittlung des Dritten. Dieser Weg ist gangbar und gut und keine Erniedrigung für ein Paar. Im Gegenteil! Es bedarf der inneren Stärke, den Weg der Hilfe zu gehen und Beratung zu suchen. In ganzer Offenheit und mit ehrlichem Gewissen wird man über alles sprechen und eine Lösung suchen. Dieser Weg ist richtig und wichtig, damit eine Ehe nicht zerbricht. Eure Liebe von »Kopf bis Fuß« darf kein flüchtiges Schnellerlebnis sein, sondern muss in

Krisenzeiten durchhalten können. Damit auch in eurem Leben Ehe und Familie zum Auftrag und zur Verpflichtung werden, die ganze Kraft erfordern! Mit Herz und Verstand und Gottes Beistand ist das zu schaffen. Die Voraussetzungen dafür könnt ihr gemeinsam erarbeiten. »Erst denken, dann heiraten«, das wünscht euch der Verfasser.